UM MUNDO ONDE CAIBAM MUITOS MUNDOS

EDUCAÇÃO DESCOLONIZADORA E REVOLUÇÃO ZAPATISTA

UM MUNDO ONDE CAIBAM MUITOS MUNDOS

EDUCAÇÃO DESCOLONIZADORA E REVOLUÇÃO ZAPATISTA

ANA PAULA MOREL

2023

AUTONOMIA
LITERÁRIA

Título original: Um mundo onde caibam muitos mundos: educação descolonizadora e revolução zapatista

Coordenação:
Cauê Seignemartin Ameni, Hugo Albuquerque, Manuela Beloni
Revisão: Márcia Ohlson
Capa: Rodrigo Corrêa
Diagramação: Danielle Fróes

ISBN: 978-85-69536-93-2

Dados Internacionais de Catalogação na Publicação (CIP)
(eDOC BRASIL, Belo Horizonte/MG)

M839m Morel, Ana Paula Massadar.
Um mundo onde caibam muitos mundos: educação descolonizadora e revolução zapatista / Ana Paula Massadar Morel. – São Paulo, SP: Autonomia Literária, 2023.
160 p. : 14 x 21 cm

ISBN 978-85-69536-93-2

1. Movimento Zapatista (México). 2. Movimentos sociais. 3. Socialismo. I. Título.
CDD 303.484

Elaborado por Maurício Amormino Júnior – CRB6/2422

Autonomia Literária
Rua Conselheiro Ramalho, 945
CEP: 01325-001 – São Paulo – SP
autonomialiteraria.com.br

SUMÁRIO

PREFÁCIO

por Jean Tible[1]

O belo livro de Ana Paula Morel retrata e celebra, no marco dos trinta anos do levante de primeiro de janeiro de 1994, uma das experiências políticas e existenciais mais apaixonantes e entusiasmantes das últimas décadas. Naquele dia, o México dos de baixo desvelando o país oficial que acreditava estar entrando no "primeiro mundo" com o acordo norte-americano de livre comércio (NAFTA). Das profundezas da Selva Lacandona, do recalque de um país e continente indígenas, brota um fantástico experimento criativo, que inspira desde então inúmeros movimentos em todo o planeta, desde as manifestações antiglobalização às rebeliões dos povos ameríndios passando por uma miríade de lutas urbanas. *Escucharon?* Um levante dos olvidados e permanentemente perseguidos e reprimidos. Deslocando sinais, em 1994 empunham as armas para abrir espaços de sobrevivência e subsistência. Em 2012, fazem a marcha do silêncio (ecoando outra, de 1968 na capital) para erguer as vozes mayas. Colocam o capuz para mostrar os corpos da dignidade coletiva. A derrubada em 1992 (no dia em que se completavam cinco séculos de colonização) da estátua do conquistador Diego de Mazariegos em San Cristóbal de las Casas anuncia o novo mundo zapatista e a ruína da guerra monocultural suicidária capitalista.

A obra apresenta duas singularidades. Por um lado, sua feliz opção pelo trabalho de campo junto aos promotores de saúde e educação. Na pegada zapatista (*abajo y a la izquierda*), Morel mergulha na Escuelita, escuta e olha, se concentrando nas

1. Jean Tible é professor de Ciência Política da Universidade de São Paulo e autor de Marx Selvagem (Autonomia Literária, 2020 [2013]) e política selvagem (n-1 e Glac, 2022).

conversas e trocas com as educadoras Paloma, Maria, Lupita e Emiliano. Dessas intelectuais orgânicas zapatistas, falantes de tzotzil, vem a riqueza dos pensamentos encarnados. Uma fecunda imaginação e prática políticas nesse processo de transformação – da reivindicação inicial de educação pública para uma comum autônoma, junto à organização dos caracóis e das juntas de bom governo. Nisso emerge a figura da *jnikesvany*, "a pessoa que move" uma formação não da cabeça cartesiana, mas do corpo pleno, do coração aos pés e mãos.

Esse movimento leva a um segundo ponto alto; a aproximação entre perspectivismo e zapatismo. Os conceitos usados pelas zapatistas citadas trazem uma deglutição em termos cosmopolíticos das nossas palavras corriqueiras (tais como trabalho, escola, pedagogia, autonomia, feminismo, capitalismo, política). O ensino é povoado de deuses, espíritos e animais. Se situa numa terra viva, animada, habitada por essa multiplicidade de agentes (incluindo as pessoas) e constitui a base da autonomia comunitária, de sua construção lenta e permanente. Somos a cor da terra, dizia a declaração ao início da histórica marcha saindo do sudoeste mexicano em direção ao Zócalo em 2001. Como em tantos povos menores, se expressa uma contundente incompatibilidade com a propriedade privada.

Sem a terra, nos resta ser indivíduos, isolados e impotentes. O ter (*oy*), no entanto, não significa possuir, mas estar em relação: a terra coletiva – *lum* se referindo a povo e terra de modo simultâneo – constitui o alicerce e condição do tempo liberto e do combate à temporalidade capitalista. Os *yajval*, entidades sagradas, espíritos protetores, podem ser compreendidos como os donos da terra, mas também, deslocando essa percepção, como pertencentes a ela ou até mesmo simplesmente seres vivendo ali, naquele espaço. A base do autogoverno do *mandar obedecendo*: democracia interna, leis e regras próprias, justiça e autodefesa comunitárias e cultivo de alimentos saudáveis. A insurreição zapatista na linhagem radical das retomadas. Numa dimensão internacionalista, ou melhor, intergaláctica, uma terra-planeta, como a *urihi a* (terra-floresta) dos Yanomami.

O contexto atual em Chiapas é duríssimo, com o recrudescimento da militarização e da incessante contrainsurgência. Ana Paula Morel insiste no confronto entre as comunidades zapatistas e a forma-Estado que se expressa, localmente, também na rivalidade com os "partidistas" (apoiadores dos diversos partidos mexicanos). As comunas não são entidades autossuficientes e apartadas do universo capitalista-estatal-racial. Trata-se de uma peleja, cotidiana, de conjuração desse e de seu visível desmoronamento em curso. "Somos produto de 500 anos de luta" abre a primeira declaração da Selva Lacandona. Nessa longa duração, a recusa da conquista e a aposta nas fendas-lutas frente ao muro capitalista, partindo do pequeno e da perseverança para abrir caminhos. Como poeticamente colocado por Élisée Reclus, a história de um riacho, mesmo do menor deles, é a "história do infinito". Ainda que ínfimo e intermitente, sua ação geológica é até mais forte proporcionalmente quando flui em pouca quantidade, pois é esse fio que, furando a argila e a rocha dura, forma os mais amplos e mantém toda uma vegetação. Até mesmo o mar "é composto por milhares e milhões de riachinhos que deságuam nas suas fontes", se entusiasma o geógrafo, anarquista e comunardo. Se os grandes rios tivessem essa potência, arrasariam montanhas.

Não se trata, reitera a autora, de tomar essa rica experiência como modelo. Sugere, como no caso de todas as belas lutas coletivas, de ouvir seu chamado para a sublevação, de alimento para a criação de novas e múltiplas brechas. A própria força dessa experiência vem de uma tradução num sentido amplo, os ideais igualitários (socialistas/comunistas) sendo digeridos e enriquecidos por elementos éticos – a revolução se liga a uma palavra-chave local, dignidade, e se torna sua razão de existir como projeto. Essa hibridação – uma derrota do projeto inicial de doutrinar as massas, mostrando-lhes a verdade – vem da confluência eruptiva do marxismo, da teologia da libertação e sobretudo da sagacidade organizativa das lutas ancestrais, indígenas e camponesas. No *caminhar perguntando*, uma chave para uma *revolução que faça possível a revolução*. O zapatismo como uma fuga de receitas, linhas, consignas, táticas ou estratégias – sementes de subversão que nos interpelam: y tu, que haces?

APRESENTAÇÃO[2]

Já escurecia quando completávamos 8 horas de viagem em uma caminhonete entre as curvas das estradas chiapanecas. Do motorista zapatista escutamos poucas palavras, só podíamos observar seu olhar atento a qualquer movimentação na estrada. Viajamos em silêncio. Começava a aprender sobre o que para nós, *kaxlans,*[3] era um incômodo silêncio. Não dispersar palavras, pois as palavras são *verdadeiras*, podem ser golpes e não devem ser jogadas ao vento. Depois de mais uma hora, param as caminhonetes. No meio do escuro vejo uma floresta de olhos e muitos barulhos. Somos recebidos junto à neblina por cerca de 400 indígenas com *pasamontañas*[4] cercando nosso caminho com gritos de viva. Mais uma vez, os zapatistas mostram que os movimentos não são só áridas fórmulas, mas também terra e mistério. Atravessamos as fileiras dos educadores zapatistas, nossos olhares se cruzam. Apesar do que chamamos de timidez, os zapatistas, nunca baixam o olhar.

Era dezembro, mês frio, começava a terceira rodada da Escuelita Zapatista.

Cheguei em Chiapas pela primeira vez em fins de 2013 acompanhada por companheiras e companheiros que participavam comigo de um grupo de educação popular no Rio de Janeiro. 2013, ano tão marcante para os movimentos libertários no Brasil, era também o ano da Escuelita. Ficamos fascinados em conhecer um pouco daqueles que são, junto ao povo curdo,[5] uma

---

2. Um agradecimento especial à Georgia Pereira que traduziu as citações em espanhol para o português.

3. Como os indígenas tzotzil chamam os brancos.

4. Como são chamados os gorros que cobrem os rostos dos zapatistas.

5. Para conhecer mais sobre o povo curdo, ver Dirik (2015), Morel (2016), Öcallan (2008,

das maiores materializações contemporâneas e em grande escala de um outro mundo possível, uma vida autônoma, uma educação autônoma.

O movimento zapatista é formado predominantemente por indígenas falantes das línguas mayas *tzotzil*, *tzeltal*, *ch'ol* e *tojolabal* na região de Chiapas, localizada no sudeste do México. Vindo a público a partir do levante de 1º de janeiro 1994, o zapatismo contrariou as projeções fatalistas do domínio absoluto do neoliberalismo e do "fim da história", tecendo, ao longo dos anos, uma organização social autônoma que encontrou ressonâncias em muitos outros mundos. Nas últimas décadas, o lema zapatista de "um mundo de muitos mundos"[6] ganhou força em uma miríade de movimentos[7] e acadêmicos que compartilham da defesa das autonomias e da justiça climática.

A militante indígena Txai Suruí citou as mulheres zapatistas na sua fala de abertura da COP26: "A terra está falando e nos diz que não temos mais tempo. (...) Vamos continuar pensando que com pomadas e analgésicos os golpes de hoje se resolvem, embora saibamos que amanhã a ferida será maior e mais profunda".[8] Em entrevista, ela argumenta sobre como a luta pela autonomia no zapatismo é inspiradora para seu povo e para diversos outros povos indígenas na América Latina. Um dos principais motivos desta inspiração seria a capacidade do zapatismo de articular a defesa de uma autonomia territorial local a uma crítica global anti-capitalista (Lacerda, 2022). Como aponta Bâschet (2021), a noção de "um mundo de muitos mundos" proposta pelo

---

2013, 2016), Vários autores (2015).

6. Este lema está presente na seguinte citação: "Muitas palavras caminham pelo mundo. Muitos mundos se fazem. Muitos mundos nos fazem. Há palavras e mundos que são mentiras e injustiças. Há palavras e mundos que são verdades e verdadeiros. Nós fazemos mundos verdadeiros. Nós somos feitos por palavras verdadeiras. No mundo do poderoso não cabem mais que os grandes e seus servidores. No mundo que nós queremos, cabem todos. O mundo que queremos é um onde caibam muitos mundos." (Quarta Declaração da Selva da Lacandona). Tradução nossa de trecho da Cuarta Declaración de La Selva Lacandona.

7. Como o altermundialismo, movimentos indígenas e curdos pela autodeterminação, movimentos contra a destruição de rios e montanhas sagradas, movimentos de mulheres que conjugam a luta ecológica, antipatriarcal e anticolonial, dentre outros.

8. Fala proferida por Txai Suruí na Conferência da ONU sobre Mudanças Climáticas, ocorrida em 2021, na Escócia.

movimento articula a luta indígena, anticapitalista e uma resistência planetária em um entrelaçamento entre distintas escalas.

Nesta trilha, o lema zapatista ecoa a defesa da solidariedade entre os múltiplos mundos em meio ao colapso ecológico que é global, ao mesmo tempo que explicita uma ruptura com o paradigma presente em parte da esquerda e de movimentos ecológicos ancorado na defesa da transformação social por um único caminho (cosmo)político. Acompanhando a explosão de protestos desses mundos ameaçados pela possibilidade de destruição imediata, há uma ressonância também nos debates acadêmicos, especialmente no que diz respeito às discussões sobre o *pluralismo ontológico* ou *pluriverso*.[9] O *pluriverso* não é um termo estritamente usado pelos zapatistas, mas por autores (de diversas áreas, mas sobretudo da Antropologia e Filosofia) que inspirados pelo zapatismo, recusam a "monarquia ontológica" em tempos de Antropoceno (La Cadena & Blaser, 2018). Tais discussões são inspiradoras para nossos escritos, compreendendo a indissociabilidade entre a autodeterminação ontológica e política. Como dito por Arturo Escobar (2016), na linguagem da "ontologia política", as lutas étnico-territoriais são lutas ontológicas, pela defesa de outros modos de vida, interrompendo o projeto colonial do "mundo de um mundo", são cruciais para as transições ecológicas e culturais para um mundo onde caibam muitos mundos (o *pluriverso*).

---

9. Destacamos duas obras que abordam o conceito do pluriverso e têm o lema zapatista como epígrafe. O primeiro é o livro Pluriverso (Khotari et al., 2021) que traz nos seus verbetes uma compilação de conceitos e práxis que buscam desafiar a ontologia moderna do universalismo em prol da multiplicidade de universos possíveis. Para os organizadores do livro, a recusa zapatista de um mundo único estaria diretamente articulada a multiplicação de paradigmas alinhados às propostas de pós-desenvolvimento. A máxima zapatista seria, então, o ponto de partida de uma forte crítica à noção de desenvolvimento, assim como possibilitaria abrir caminhos para sua superação. O segundo livro intitula-se "A World of Many World", organizado por Marisol de La Cadena e Mario Blaser (2018). Os diversos artigos que compõem o livro buscam reconsiderar a gramática material-semiótica da relação entre mundos a partir do pluriverso. Tal conceito estaria imbricado na proposta de ontologia política que opera com base na presunção de mundos divergentes constantemente surgindo por meio de negociações, enredamentos e cruzamentos. Os organizadores do livro inspiram-se no convite zapatista e definem o pluriverso como mundos heterogêneos unindo-se como uma ecologia política de práticas, negociando seu difícil estar junto na heterogeneidade. A oportunidade do pluriverso surgiria, paradoxalmente, diante da acentuação do colapso ecológico no Antropoceno.

Um dos maiores pilares da luta zapatista é a educação autônoma, tecida a partir de uma proposta de descolonização[10] não essencialista, que parte da composição de muitos mundos e da autogestão dos espaços educativos. Na ocasião da Escuelita, a educação autônoma abria suas portas para receber milhares de militantes e apoiadores vindos de diferentes lugares do planeta. A Escuelita Zapatista foi uma iniciativa do movimento voltada para não-zapatistas que passaram um tempo vivendo nas comunidades. Nos comunicados do movimento, a proposta era construir uma nova forma de diálogo com os estudantes não-zapatistas, distinta da estabelecida pela "esquerda tradicional" na qual os intelectuais ensinam às classes populares e há apenas discussões teóricas sobre como devem ser os movimentos. Diferente disso, na Escuelita, os alunos não vão a uma sala de aula para escutar o que dizem os comandantes ou intelectuais do movimento, mas devem viver o cotidiano de famílias indígenas comuns. A ideia é que os alunos possam "escutar e olhar" e não "falar e julgar" (Ezln, 2013).

Nessa ocasião, conheci alguns dos educadores indígenas zapatistas que ensinavam para os *kaxlans* em uma sala de aula sem paredes. O principal "conteúdo" era a vida comunitária. Percebi que a educação autônoma era construída pelos e para os próprios indígenas zapatistas, mas também, invertendo a lógica colonial, os indígenas zapatistas ensinavam aos apoiadores não-indígenas, em sua maioria brancos. Passei a pensar a educação zapatista não apenas focada em uma escola autônoma ou em uma comunidade específica, mas nos espaços de abertura para composições com muitos mundos.[11] Tais espaços traçavam caminhos distintos de

10. Compreendemos descolonização no sentido anticolonial que propõe Silvia Cusicanqui (2019, s/p), diferenciando, assim, das propostas decoloniais e pós-coloniais: "Desde tiempos coloniales se han dado procesos de lucha anticolonial; en cambio, lo decolonial es una moda muy reciente que, de algún modo, usufructúa y reinterpreta esos procesos de lucha, pero creo que los despolitiza, puesto que lo decolonial es un estado o una situación pero no es una actividad, no implica una agencia, ni una participación consciente. Llevo la lucha anticolonial a la práctica en los hechos, de algún modo, deslegitimizando todas las formas de cosificación y del uso ornamental de lo indígena que hace el Estado."

11. Nesse caminho, construí a pesquisa muito mais sobre um movimento, passando por seus diferentes espaços educativos, do que sobre um povo específico, como comumente é feito na etnografia. Essa escolha também estava relacionada com uma postura do próprio movimento

uma relação mimética, ou um processo de aculturação, mas foram constituídos a partir de traduções feitas pelos próprios termos dos indígenas zapatistas dos mundos de esquerda dos *kaxlans*. Estas traduções possibilitavam aos educandos ampliar a imaginação política tão deteriorada pela vida colonial e capitalista, fornecendo algumas boas ideias para adiar o fim do mundo, para usar a expressão de Ailton Krenak (2019).

Após ficar encantada pela Escuelita Zapatista, voltei para realizar trabalho de campo nos anos seguintes, permanecendo, no total, por cerca de um ano na região, como antropóloga, educadora e militante apoiadora do zapatismo.[12] Nesse tempo, tive a oportunidade de conhecer diferentes comunidades[13] e espaços educativos organizados pelo movimento. Um dos espaços educativos mais marcantes foi o *Centro de Español y Lenguas Mayas Rebelde Autónomo Zapatista* (CELMRAZ), um curso de espanhol e tzotzil voltado para alunos não-zapatistas, nos Altos de Chiapas, onde estive como aluna. Lá, convivi por alguns meses com educadores zapatistas e seus modos de ensinar sobre a política e o cosmos.[14] Pude conhecer de maneira mais próxima quatro jovens educadores do povo tzozil: Maria (25 anos), Emiliano (27 anos), Lupita (17 anos), Paloma (26 anos).[15] O denso pensamento desses educadores, seus conceitos, suas vivências no zapatismo atravessam esses escritos como um todo.

De acordo com seus ensinamentos, o movimento zapatista é composto por forças, deuses e espíritos. As teorias do maior

---

zapatista: por uma série de questões que envolvem segurança e opções políticas, o movimento não se coloca aberto para receber pesquisadores ou pessoas de fora nas comunidades por um tempo prolongado, o que impossibilitaria um tipo de pesquisa mais clássico.

12. No ano de 2018, defendi tese de doutorado no PPGAS/Museu Nacional intitulada "Terra, autonomia e ch'ulel: aprendizados na educação zapatista" (Morel, 2018), orientada por Eduardo Viveiros de Castro. A tese inspira os escritos deste livro.

13. É importante ressaltar que utilizamos o termo "comunidade" como um termo recorrentemente utilizado por indígenas e não-indígenas na região para designar localidades onde vivem os indígenas zapatistas.

14. Grande parte do tempo me comuniquei em espanhol com os meus interlocutores, mas, na medida em que comecei os aprendizados do tzotzil, pude estabelecer alguns diálogos mais básicos na língua, principalmente, com os educadores zapatistas.

15. A pedido dos educadores zapatistas, todos os nomes mencionados nestes escritos são fictícios.

movimento autônomo do planeta estão presentes não apenas nos comunicados oficiais amplamente divulgados nas redes internacionais, mas na intensa movimentação intelectual indígena que ocorre de maneira subterrânea no cotidiano das comunidades. A "imaginação conceitual"[16] dos educadores zapatistas produz uma poderosa crítica ao capitalismo e à colonização. O ensino-aprendizagem autônomo se dá a partir do engrandecimento do espírito (*ch'ulel*) e do pertencimento à terra (*lum*, *balumil*). A terra, reivindicação fundamental do movimento desde o levante armado, não seria apenas um recurso inerte, mas é o fundamento dos deuses (*yajval*) e da própria noção de pessoa. Os aprendizados na língua tzotzil mostram que entre os zapatistas não se pode pensar a política e a educação sem esse mundo encantado, nem vice-versa.

As implicações das teorias educativas zapatistas parecem ganhar um significado ainda mais forte em um momento de crise civilizacional: ao mesmo tempo que denunciam o ecocídio em curso, trazem um pouco de possível. A "estética conceitual" dos educadores zapatistas floresce não apenas como negação de um mundo (de fato, terrível) da colonização e do capital, mas também como afirmação de um lugar, para usar a expressão de Eduardo Viveiros de Castro (2015), situando-a nos quadros conceituais de um "mundo vivido" singular.

Ao adentrar no "mundo vivido" pelos zapatistas, guardava comigo, então, uma preocupação advinda das leituras de parte da etnologia desenvolvida no Brasil: construir um trabalho

16. Em relação a esse debate, recordamos os três imperativos básicos do pacto etnográfico apontados por Bruce Albert (1997) que afirma que o antropólogo deve, em primeiro lugar, fazer justiça à imaginação conceitual de seus interlocutores, em seguida, levar em conta o contexto sociopolítico pelo qual esse se insere, e, por último, ter um olhar crítico sobre o quadro da pesquisa etnográfica. Sobre esses três pontos, Eduardo Viveiros de Castro (2015) aponta como não seria acidental que Albert coloque como primeiro ponto o respeito escrupuloso à "imaginação conceitual" de seus interlocutores. Com isso, estaria exprimindo uma determinada concepção da antropologia (Viveiros de Castro, 2009) e se afastando da vertente antropológica que reduz a sociedade do nativo ao seu "contexto sociopolítico". Buscaremos, então, seguir este mesmo caminho, fazendo um experimento com os conceitos zapatistas. Algumas referências ao contexto sociopolítico serão apontadas como forma de situar questões, mas não como maneira de explicar o que está "por trás" do que os zapatistas dizem e pensam.

antropológico[17] a partir de um respeito escrupuloso à "imaginação conceitual" dos meus interlocutores educadores. E, enquanto aluna do movimento, fui tomada por indagações pouco abordadas na vasta bibliografia sobre zapatismo: o que pensam os indígenas educadores zapatistas? Como as teorias encarnadas dos educadores zapatistas articulam diferentes mundos trazendo implicações para a própria educação popular? Trata-se, então, de tomar as *ideias* dos educadores zapatistas como *conceitos*.[18] Muitos dos conceitos mobilizados pelos educadores zapatistas são bastante familiares aos *kaxlans*. Entretanto, isso não quer dizer que os mundos criados por esses conceitos coincidam com o pensamento dos *kaxlans*.

Propor tal deslocamento conceitual, não significa pensar como os zapatistas, ou atribuir-lhes o local de experiência educativa idealizada, uma encarnação moral de valores preciosos do Ocidente (igualdade, liberdade, etc). Inclusive, a proposta da Escuelita não é servir de modelo, mas possibilitar que os alunos aprendam e se transformem para construir a autonomia a partir de questões próprias. O Subcomandante Moisés afirmou, entre pausas e calmas, tão presentes entre os povos mayas, que não se trata de dar receitas, fórmulas, ou explicações totalizadoras do mundo.[19] O caminho se dá oferecendo sementes que possam servir de acordo com as necessidades das diferentes terras.

Estes escritos buscam, portanto, trazer para outras geografias uma pequena parte do movimento intelectual interno ao zapatismo,[20] a partir do diálogo com os educadores zapatistas falan-

17. A aposta é que se os antropólogos costumam levar a sério uma série de dimensões da vida dos povos indígenas (míticos, rituais, religiosos, etc.), pode-se, como faço aqui, levar a sério – interessar-se, no sentido da raiz latina do verbo (inter esse, "ser entre", "envolver-se") - o que os indígenas têm a dizer sobre educação e seu movimento político, interesse que muitas vezes manifesta-se apenas nos estudos de povos e ideias ditas modernas.

18. As ideias zapatistas aparecem como "dotadas de uma significação propriamente filosófica, ou como potencialmente capazes de um uso filosófico" (Viveiros de Castro, 2002).

19. Tal fala do Subcomandante Moisés foi proferida no Seminário "El pensamiento crítico frente a la hidra capitalista", realizado no ano de 2015.

20. É preciso reiterar também que quando tratamos de movimento zapatista falamos de uma diversidade de pessoas e comunidades heterogêneas do ponto de vista de suas condições materiais, religião, deuses, línguas, etc. Estes escritos trazem apenas uma pequena amostra dessa diversidade.

tes da língua tzotzil. O movimento intelectual destes educadores é pouco conhecido, ainda que se façam alusões a ele e aos saberes dos indígenas zapatistas nos comunicados do movimento. Atualmente, os dois porta-vozes do movimento são os Subcomandantes Galeano e Moisés. Galeano, em suas falas e comunicados, segue uma linha bastante semelhante à do falecido Subcomandante Marcos,[21] criando uma narrativa que lança mão de diferentes referências acadêmicas e eruditas do mundo dos brancos, assim como de traduções a partir de sua vivência entre os povos, desenvolvendo uma linguagem poética permeada por contos e metáforas. Já Moisés, indígena tzeltal, não utiliza dos mesmos recursos de Galeano, e ainda que não faça referência direta aos conceitos de sua língua, parte de algumas questões da vida indígena. Essa polifonia em suas falas e seus deslocamentos parecem ser um dos aspectos marcantes do zapatismo.

Mesmo levando em conta apenas as vozes dos "porta-vozes" zapatistas, já é possível afirmar que o zapatismo possibilitou uma "revolução teórica" (Mignolo, 1997) em relação à epistemologia colonial que tantas vezes atravessou, ou ainda atravessa, os movimentos de esquerda situados nos países "periféricos". Segundo Mignolo, essa "revolução teórica" estaria presente nas vozes dos subcomandantes que, de certa maneira, também se confundem com a própria vida indígena e o projeto de construção da autonomia. Sem negar estas colocações, mas indo em um sentido um pouco distinto do autor decolonial, que utiliza quase que exclusivamente os comunicados e falas públicas do movimento, buscaremos dar ênfase às vozes das bases de apoio indígenas do zapatismo. A ideia é experimentar com essas vozes considerando a escola autônoma, mas também as atividades que a transbordam. A comunidade e o próprio movimento são, nesse sentido, um "princípio educativo" (Caldart, 2001). As teorias dos educadores zapatistas falam de seu lugar, suas lutas, seus deuses e da relação com o mundo *kaxlan* e capitalista.

21. O personagem de Marcos é de um mexicano "branco" de formação universitária que passa a conviver com os indígenas a partir do início da guerrilha. Ele desapareceu na ocasião do assassinato do promotor de educação zapatista Galeano para renascer no novo personagem do Subcomandante Galeano.

É importante destacar que, por conta da relação entre indígenas e militantes *kaxlans*, há um debate que atravessa a história do zapatismo e traz consigo uma polêmica. Ele opõe aqueles que acreditam que o movimento pratica uma "política ventríloqua" (Pitarch, 2004) e os que vislumbram nele uma possibilidade de "interação criativa" (Baschêt, 2004) entre os imaginários ocidental e indígena. Os defensores da primeira posição acreditam ter ocorrido uma transformação rápida movida por considerações de ordem tática – a saber, convencer a "opinião pública" mexicana – de uma organização revolucionária comunista em movimento de autonomia cultural indígena. Este último exprimiria um indigenismo artificial e instrumentalizado, onde o "índio" seria apenas uma marionete usada pelos militantes do movimento. Os defensores da segunda posição acreditam existir uma interação complexa entre diferentes ideias-forças políticas e culturais (marxista, indígena, católica) que atravessam o zapatismo, o que impede que ele seja interpretado como um todo único homogêneo, redutível, em última análise, a mais uma fantasia política "branca", onde os indígenas continuam no lugar de objeto.

Pareceu-nos inevitável sobretudo pela experiência que tivemos em campo, nos aproximarmos da segunda vertente, concebendo esta composição na chave em que Marshall Sahlins (1981) aborda a transformação das sociedades indígenas e "modernas", a saber, como uma relação entre partes que se influenciam e modificam *mutuamente*.[22] Não há movimento de "inclusão" unilateral. Sem desconsiderar toda a violência sociopolítica e cultural do "contato" com a sociedade nacional, esta interpretação permite perceber que não são apenas as sociedades indígenas que se transformam no curso do "contato", mas também a chamada "sociedade envolvente". No caso, os próprios indígenas do movimento têm influenciado não apenas os militantes que vivem na

22. Seguimos, então, a "rotação de perspectiva" proposta para a etnologia brasileira (Viveiros de Castro, 1999). Tal deslocamento parte do princípio de que a dominação político-econômica das sociedades indígenas pela "sociedade envolvente" e seu aparelho de Estado não deve levar ao privilegiamento teórico da segunda, o que pressuporia um englobamento absoluto, heteronômico, dos povos politicamente dominados pelo Estado-Nação. Trata-se de insistir, na construção do trabalho etnográfico, sobre a realidade e a efetividade das resistências à unificação promovida pela lógica estatal.

região, mas têm também uma projeção internacional, na defesa de um mundo de muitos mundos, em um movimento de *indigenização* da política e da educação.

Contrapondo-se a noção de aculturação, Sahlins cunha o termo *indigenização*, que é recuperado por Célia Xacriabá ao refletir sobre as escolas indígenas no seu povo:

> Utilizamos o conceito [indigenização] para falar das estratégias com as quais o povo Xakriabá lida com a escola que chega até nós e como a ressignificamos. Sahlins apresenta a categoria de indigenização buscando diferenciá-la do conceito de aculturação – e isto nos interessa, sobretudo, como forma de contrapor a imagem preconcebida de que nós, povos indígenas, seríamos "aculturados" (Xacriabá, 2020, p. 112).

A autora traz a importância de reconhecer a participação indígena no fazer epistemológico como uma maneira de contribuir para a descolonização na educação, contrapondo-se, assim, ao pensamento preconceituoso de que os indígenas não podem acompanhar e transformar qualquer ideia ou prática que venha de fora da aldeia. A partir das provocações de Célia Xacriabá, questionamos: por que não pensar a educação zapatista como uma *indigenização* da educação popular? Compreendemos a educação popular abarcando as propostas educativas que partem desde (e em diálogo com) os saberes dos povos para a construção de um olhar crítico e transformador, tendo uma relação histórica de continuidades e rupturas com os "movimentos de educação popular" (Paludo, 2015) que ganharam força desde a década de 60 em diferentes realidades na América Latina. É inegável que estes movimentos junto da importante referência de Paulo Freire convocam a uma abertura da pedagogia crítica para as perspectivas dos povos indígenas (Fleuri, 2018).

Nesse caminho, esperamos contribuir para ampliar as composições entre a educação popular e os pensamentos indígenas. O pedagogo Paulo Freire trata da importância do diálogo com iguais e diferentes, salientando que com os antagônicos, que buscam roubar a pronúncia do mundo, só é possível o conflito (Freire, 1987). Os "diferentes" a que se refere Paulo Freire produzem a heterogeneidade dos "saberes populares" presentes nas vidas cotidianas dos mais diversos povos. Os "antagônicos" são as classes dominantes empenhadas em difundir um tipo de educação tecnicista que é também colonialista. A crítica à educação colonial aparece explicitamente em *Cartas à Guiné Bissau* (1978), onde o pedagogo denomina a educação feita pelos colonizadores como um tipo de "invasão cultural" e uma "educação bancária", que só poderia ser combatida através da "descolonização das mentes" e da "reafricanização das mentalidades".

Como veremos, há toda uma influência da educação popular na própria gestação do zapatismo: a teologia da libertação, transformada em Chiapas em teologia índia,[23] é marcada pelos movimentos de educação popular presentes na América Latina. No entanto, o movimento zapatista não pode ser pensado como uma simples expressão particular da educação popular enquanto uma teoria generalizante. Buscando aproximar antropologia e educação, compreendemos as teorias educativas zapatistas como traduções "equívocas" (Viveiros de Castro, 2004) da educação popular a partir dos próprios termos dos educadores indígenas zapatistas. A equivocação permite não igualar diferentes pensamentos, mas funda a relação a partir da diferença de perspectiva:

> A equivocação não é o que impede a relação, mas o que a funda e impele: a diferença de perspectiva. Para traduzir é preciso presumir que uma equivocação sempre existe, e é isso que comunica as diferenças ao invés de silenciar o outro presumindo uma univocidade – a similaridade

23. A década de 1980, período em que ocorreu o Concílio Vaticano II, é também o momento em que se desenvolve a teologia índia. Considerada como um ramo da teologia da libertação, a teologia índia tem seu foco nos povos indígenas. Se na sua fase inicial a teologia da libertação é marcada pela categoria "pobres", sendo os indígenas incluídos dentro dessa maioria empobrecida, nesse outro momento abre-se espaço para uma atenção especial aos povos indígenas, o que se exprime na criação dessa nova tendência, a teologia índia. A religiosidade dos povos indígenas, historicamente combatida pela igreja católica, agora passa a ser reinterpretada a partir de Cristo (Lupo, 2012). Os indígenas, ao invés de serem povos sem fé, passam a ser os primeiros e verdadeiros cristãos.

> essencial – entre o que o Outro e nós estamos dizendo (Viveiros de Castro, 2004, p. 8).

A partir de traduções equívocas, os educadores zapatistas desenvolvem uma teorização sobre os tipos de educação presentes nas comunidades, o que envolve uma profunda relação com a produção cotidiana da autonomia no cosmos. Tais teorizações permitem radicalizar a proposta descolonizadora da educação popular, caminhando junto e para além dela. A educadora bell hooks (2017) ao ser questionada sobre as limitações da obra de Paulo Freire em relação às questões de gênero e raça, afirma que a despeito do sexismo presente na linguagem "humanista" da educação popular, o autor foi especialmente importante para sua formação. A autora destaca uma máxima freiriana que a ajudou a desenvolver suas reflexões para o feminismo negro: "Não podemos entrar numa luta como objetos para nos tornarmos sujeitos mais tarde". Se levamos esta máxima às últimas consequências, abrimos caminho para a transformação da práxis da educação popular a partir da composição com os saberes dos diferentes povos. Neste sentido, a própria noção de "saberes populares" que ganha por vezes conotação homogeneizadora é deslocada para pensar os múltiplos conhecimentos indígenas, quilombolas, caiçaras, etc. O humanismo que atravessa as referências teóricas da educação popular é deslocado por conhecimentos que admitem o protagonismo de seres outros que humanos.

Neste caminho, compartilhamos da *proposição cosmopolítica* de Isabelle Stengers (2007) para pensar uma experiência educativa. A autora propõe um deslocamento da noção de "universal neutro", buscando "desacelerar" os raciocínios a partir de um outro tipo de sensibilidade. Acrescentar a enigmática palavra "cosmos" à política é uma tentativa de trazer uma inquietude à voz política que se ancora em um mundo comum transcendente. A cosmopolítica, como proposição, designa o desconhecido que constitui os múltiplos mundos divergentes, possibilitando articulações e o aparecimento de novas vozes contra a tentação de uma "paz final".

Quando o cosmos atravessa as teorias educativas, perdemos a estabilidade das teorias generalizantes em prol de um mundo povoado por incertezas e por "problemas cujas repercussões se apresentam como planetárias" (Stengers, 2018, p. 446). Tal perspectiva possibilita uma "délocalisation du politique", ou seja, sua reinvenção em todos os lugares onde a ideia de que "isso não é político" deixa o caminho aberto para a inventividade capitalista[24] (Stengers, 2007). Com isso, a natureza e os diversos seres outros que humanos deixam de ser algo relativo ao mundo "lá de fora". E, as teorias pedagógicas de base humanista que costumam ter como objeto os humanos e seus modos de ensinar e aprender, passam a ser habitadas por uma série de outras relações que dizem respeito ao que se convencionou chamar de "natureza".

Assim, veremos como os conceitos evocados pelos educadores zapatistas, ainda que façam referência a noções, como trabalho, escola, autonomia, feminismo, capitalismo, que são familiares ao que nós entendemos como política, não necessariamente são coincidentes. Esses conceitos incluem ou convocam espíritos, deuses e animais de um modo que não reconheceríamos como parte do mundo da "política" e da "pedagogia". Mais do que uma história do zapatismo, ou uma análise das políticas educacionais de Chiapas, buscamos ampliar a imaginação política a partir dos conceitos dos educadores zapatistas. Conceitos que são terra e gente ao mesmo tempo. Feijão, milho e gente. Povo e terra que se confundem em uma palavra só.

A matéria-prima destes escritos são as teorias encarnadas dos educadores zapatistas vindas das resistências transformadas em mundo novo. Estas teorias ganham ainda maior relevância durante a grave tormenta que vivemos. No território de Chiapas, atualmente, os ataques paramilitares se intensificam, o que tem demandado do movimento uma organização ainda maior para seguir resistindo. Mostrando que não são um resquício do passado, mas uma possibilidade de futuro, os zapatistas são a esperança na dureza das lutas: escolas comunitárias, governos nascidos

24. Para tal, compartilhamos de algumas lições propostas por Marcio Goldman (2006) ao desenvolver uma teoria etnográfica da política: evitar as abordagens efetuadas em termos negativos – aquelas que privilegiam as faltas, ausências, ideologias e manipulações –, para fazer entrar o que geralmente se exclui da política (deuses, diferenças, etc.), o que dialoga diretamente com as proposições cosmopolíticas de Isabelle Stengers.

de baixo, justiça sem cárceres, guerra e música. E o que é mais bonito, onde o vivido de si é também vivido dos outros: conceitos que trazem a força do que chamam de autonomia. A educação autônoma é, sobretudo, um modo de aprender com a Terra.

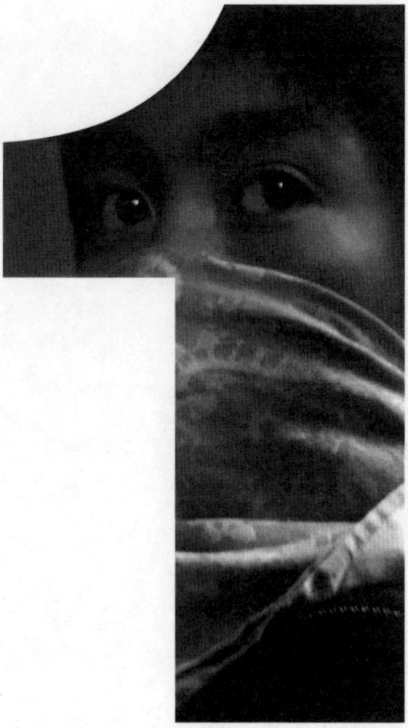

AUTONOMIA:
CUIDADO PRÓPRIO DE UM POVO

1.1 AS VIDAS NAS COMUNIDADES

A autonomia não é um princípio abstrato pairando sobre o cotidiano, mas existe, sobretudo, a partir da vida coletiva construída pelos zapatistas, com todas as suas dificuldades e potências. Entre pausas e calmas tão presentes entre os povos mayas, os educadores zapatistas explicam que não se trata de dar receitas, ou fórmulas fechadas, mas lutar pela destruição do capitalismo, com a criação de mundos desde abaixo.

Diferentemente da ideia muito comum fora do México de que existiriam grandes territórios completamente controlados pelos zapatistas, os territórios em Chiapas são perpassados por uma dupla organização da vida zapatista e estatal que co-existe e se choca. Os milhares de zapatistas vivem em comunidades que, em geral, são divididas entre indígenas *partidistas*[25] e indígenas bases de apoio do movimento. Os indígenas zapatistas auto-organizam suas vidas a partir do movimento enquanto os indígenas *partidistas* são aqueles que aceitam programas do governo e, muitas vezes, apoiam algum partido político. Essa dupla vida ocorre de maneira muito próxima espacialmente, pois os indígenas zapatistas e não-zapatistas geralmente são vizinhos e até da mesma família[26] convivendo em espaços muito próximos.

Os tipos de relações geradas por essa convivência mudam muito de comunidade para comunidade. Existem alguns locais onde há relações estreitas de afinidade entre zapatistas e

25. O termo partidista é utilizado por zapatistas e apoiadores para se referir aos indígenas que não são zapatistas e são vinculados a partidos políticos (como o PRI, o PRD, PV).

26. Seria interessante em outro momento pesquisar sobre as relações de parentesco e as relações entre zapatistas e não-zapatistas.

não-zapatistas, acontecendo, inclusive, debates e decisões coletivas sobre o que vai ocorrer localmente, contando que também há indígenas que não são zapatistas, mas que são simpatizantes do movimento e são, também, aderentes da Sexta Declaração da Selva da Lacandona. Já em outros locais, há uma certa indiferença pacífica, e por mais que frequentem um ou outro espaço comum como a igreja, zapatistas e não-zapatistas não são próximos, mas tampouco se hostilizam. E, enfim, há localidades onde existe um grande nível de tensão, que passa por agressões verbais e chega até a agressões físicas por parte dos *partidistas* (muitos incentivados financeiramente por políticos locais, dentro da política estatal de contrainsurgência). Nessas últimas, as tensões podem girar em torno das menores questões cotidianas (sumiço de animais do vizinho, por exemplo), como também pela posse da terra, chegando a culminar em assassinato, como o caso mais trágico do assassinato do professor e insurgente Galeano, em 2014, por indígenas paramilitares da comunidade onde vivia.

Figura 1: Uma das muitas placas de denúncia ao assassinato de Galeano nos territórios zapatistas.

Essa dupla vida aparece materializada nas próprias construções das comunidades: muitas vezes há uma *tienda*[27] zapatista e outra não-zapatista uma ao lado da outra, há uma escola estatal ao lado de uma escola autônoma. Na comunidade colada ao Caracol de La Realidad, a divisão é tanta que o próprio rio que atravessa a comunidade é dividido: há uma parte onde só os zapatistas entram, tomam banho, lavam roupa e outra apenas para os *partidistas*.

Após o fim do conflito armado direto com o exército, uma das maiores estratégias de contra-insurgência por parte do Estado, além do financiamento de grupos paramilitares, tem sido a implantação cada vez maior de programas assistenciais.[28] Diante disso, uma das decisões tomadas pelo movimento é que para ser zapatista não se pode aceitar nenhum tipo de programa assistencial ou participar diretamente de política pública. Tal decisão é mais um fator de diferenciação entre zapatistas e não-zapatistas.

Figura 2: Tienda zapatista.

27. Como são chamadas as pequenas vendas de alimentos.

28. Sobre isso, algumas características apontadas pelo cerco anti-zapatista são: cooptação de líderes de movimentos da região por oferecimento de postos públicos, corrupção desses por administração milionária de recursos. Junto da resposta armada do exército, vários

A dupla vida comunitária aparece também na própria cosmopolítica dos indígenas. Ao perguntar para um dos promotores de educação como é a relação entre os *partidistas* e o *ch'ulel* ele me responde que no *bats'i k'op* (tzotzil/língua verdadeira) sempre se fala de *ch'ulel* independentemente de ser zapatista ou não, mas que ainda assim há diferenças marcantes: "O zapatismo, diferente do que acontece com os *partidistas*, nos faz pensar no que está acontecendo com o *ch'ulel* e buscar fortalecê-lo. Entre os *partidistas*, se fala do *ch'ulel* no dia a dia, mas ele não é fortalecido, pois não se sabe o real valor do *ch'ulel*. Ninguém diz que é a base do respeito e que está em perigo." Para os educadores zapatistas, o zapatismo ajudaria no processo de *ch'ulelización* do mundo.

Os educadores também relatam que muitos zapatistas que deixaram de sê-lo ganharam dinheiro do governo para passar informações sobre a organização do movimento. Eles contam do desafio que é construir o zapatismo cotidianamente: "Para ser zapatista, é preciso construir o zapatismo com o trabalho coletivo. Você tem que fazer o que o povo decidir. E você sabe que não alcançará riqueza material. Você passa a ter duas famílias: a da luta e a da casa. Se a sua família é zapatista, é mais fácil porque você recebe mais apoio para fazer os trabalhos fora". Essa pequena fala nos mostra algumas das diferenças entre as vidas zapatistas e não-zapatistas.

Quando fui visitar uma lagoa na Selva Lacandona a caminho do Caracol La Realidad, tive como guia Camilo, indígena tzotzil de 41 anos. Ele vivia na comunidade Emiliano Zapata, em uma casa nova, pintada e com televisão, e ali havia internet. Camilo nos pergunta se vamos ao caracol La Realidad, nós respondemos que sim. Ele diz muito animado e orgulhoso que conheceu o Subcomandante Marcos, pois quando jovem era miliciano, chegando a fazer treinamento de guerrilha antes do levante. Com o levante, ele e as famílias da região conseguiram terra, mas depois de alguns anos toda a comunidade deixou de

---

funcionários públicos intensificaram mecanismos para canalizar as demandas sociais, uma delas foi criar um movimento estatal para reunir as organizações que não tivessem ligações orgânicas com o EZLN. Em fins de janeiro de 1994, foi fundada a CEOIC, com 280 organizações com trajetórias mais antagônicas (Pérez Ruiz, 2009).

ser zapatista. "Ficamos cansados, queríamos fazer turismo e ter um negócio próprio", diz ele. Também conta que estão voltando a ser pressionados pelo governo por conta da terra e que se for necessário voltam a se mobilizar, "a luta não foi esquecida, está subterrânea", afirma.

Figura 3: Placa do campamento de apoio ao movimento zapatista na entrada do Caracol La Realidad.

O uso das políticas assistenciais e do acesso ao consumo parecem questões fundamentais nessa dupla vida que atravessa as comunidades. Curiosamente, muitos dos programas do governo utilizam o vocabulário militante zapatista; assim, há os programas estatais "escuela digna", "vivenda digna", "medicina digna". Sobre isso, Lupita argumenta: "Mas a dignidade de que eles falam não tem o mesmo significado para nós. Dignos para eles são as coisas materiais que o Estado dá. Porque as escolas ou casas têm uma construção nova. Mas, para nós, viver bem não é uma questão de morarmos numa casa simples ou não." Lupita utiliza como exemplo a construção das escolas: "Quando o Estado percebeu que começamos a construir escolas autônomas, começou a construir mais escolas oficiais, queriam meter as suas ideias nas crianças, porque sabiam que as escolas autônomas eram armas fortes da autonomia. Então, começaram a construir novas escolas, com uniformes, eles sabiam que era uma guerra. Muitas vezes, a nossa escola é uma sala simples, uma árvore. O Estado dá bolsas de estudo aos estudantes, pois sabe que não temos bens materiais. Essa é a guerra que o Estado trava." A guerra entre essa dupla vida é constante e está em cada detalhe cotidiano: um uniforme, a pintura de uma casa, etc. É uma disputa pela subjetividade da própria juventude. Lupita conta: "O problema é que o Estado põe nos jovens a vontade de ter as coisas. E sabemos que um jovem zapatista não terá todas as coisas que deseja. Resistir é difícil porque você sabe que não poderá desfrutar de muitas coisas materiais." É tarefa das famílias do movimento e dos espaços educativos o diálogo com os jovens sobre essas questões e também sobre a importância do sentido da luta que fica expresso nos avanços que foram conseguidos pela organização nos últimos anos. Lupita diz que muitos jovens seguem resistindo impulsionados pelas conquistas da organização autônoma: "Agora há escolas autónomas, saúde autónoma... Tudo feito pelo povo, para o povo. E sabemos que tudo isso é para a vida."

Essa situação se complexifica ainda mais pela existência de uma terceira organização: a da própria comunidade. Esse tipo de organização algumas vezes é anterior ao próprio zapatismo. Na maioria das comunidades, independentemente do número de *partidistas* ou zapatistas, há algumas tarefas que são feitas em comum por todos os membros: luz, água, limpeza dos caminhos; muitas vezes a manutenção da estrutura da comunidade é feita através do trabalho coletivo decidido em assembleia. Até mesmo algumas homenagens feitas aos deuses (*yajval*) podem ser feitas através da organização de toda a comunidade. Lupita conta que no último ano foi o momento de homenagear o deus da terra (*yajval balumil*). Toda a comunidade se organizou então para dar velas a esse deus. Ela explica: "Isso é feito com os *partidistas* porque uma terra ou um cerro sagrado não é *partidista* nem zapatista".

Ela também conta que alguns *partidistas* se aproveitam da organização comunitária para prejudicar os zapatistas. Por conta da organização autônoma, muitos zapatistas têm que deixar temporariamente suas terras para fazer algum trabalho no caracol ou fora de sua comunidade. Sabendo disso, alguns *partidistas* se organizam para cobrar tarefas comunitárias quando os zapatistas não estão, chegando inclusive a ameaçar expulsá-los de suas terras. Mas, também ocorre de esse nível de organização ajudar a amenizar a tensão entre *partidistas* e zapatistas, que por vezes se juntam para fazer tarefas em comum.

Os caracóis são os centros administrativos zapatistas e têm um nome que remete à circularidade do tempo, são um espiral. É uma maneira de dizer que não há princípio nem fim, pois é um espaço aberto para muitas formas de viver diferentes. Para os mais velhos, a palavra caracol (*to't)* significa que vão comunicar algo para muita gente. Os caracóis são espaços de relação dos zapatistas com outras pessoas, movimentos, países. Rocío Noemi aponta como a ideia do caracol é convocadora e está relacionada com a fusão de distintas realidades presentes nos rituais indígenas:

> O caracol é, portanto, uma ressonância não somente do tempo, mas também de um som que as pessoas reconhecem e sabem que algo importante as chama. Os chamados dos rituais indígenas se fazem com os *Ok'es* - assim se chama a concha do mar. E quer dizer guincho dos animais. É o antigo guincho do canto do jaguar, mas também o canto dos pássaros. É uma fusão de realidades distintas, de mundos diversos que compõem a diversidade da natureza maia nesse canto. (...) É muito significativo que "caracol" seja o nome dos espaços que são aglutinadores do mundo externo às comunidades indígenas, mas que o zapatismo também chama para a luta (Baschêt & Noemi, 2021, p. 54).

1.2 A COMPOSIÇÃO DO MOVIMENTO ZAPATISTA

"Mas, quantos são os indígenas zapatistas?" Essa foi uma pergunta comum que recebi ao falar do movimento. Durante o tempo que vivi em Chiapas, as respostas para essas perguntas variaram enormemente: um professor simpatizante chegou a afirmar que existiriam cerca de 1 milhão de zapatistas, enquanto outro professor crítico ao movimento afirmou que não passariam de 20 mil. É difícil precisar ao certo o número de zapatistas que existem hoje nas comunidades. Uma das razões para essa imprecisão talvez sejam as mudanças que ocorreram durante os anos

– zapatistas que deixaram de ser zapatistas, ou a existência de novos zapatistas –, como também parece não haver interesse do próprio movimento em divulgar esses dados. Um dos cuidados da autonomia zapatista parece ser evitar sua quantificação. Na última marcha pública, realizada no dia 21 de dezembro de 2012, foi contabilizada a participação de cerca de 30 mil indígenas zapatistas, sem contar os muitos que permaneceram em suas comunidades, mas não há contabilizações exatas do número de membros do movimento atualmente.

O levante zapatista em 1994 foi, sem dúvida, um marco que trouxe os povos indígenas para a cena pública nacional e internacional. Ainda que em sentido muito distinto da proposta zapatista, o discurso oficial da história nacional mexicana é marcado por uma estreita vinculação com os povos indígenas. Por essa perspectiva, os povos seriam a "essência" da nação mexicana, os verdadeiros mexicanos originais. Mas, como afirma Pedro Pitarch (2013a), ao analisar a imagística exibida no imponente Museu Nacional de Antropologia da Cidade de México, os indígenas valorizados não são quaisquer indígenas, mas sim os povos indígenas dos chamados impérios do passado pré-colombiano, dos quais os índios contemporâneos seriam apenas vestígios. O Museu estaria todo organizado em função da exaltação do antigo México-Tenochtitlán, os índios contemporâneos estariam relegados a pequenas salas no segundo piso: "El museo se convierte así en un templo que da culto al origen, un origen que representa la fuente de poder y legitimidad" (p. 215). Seguindo essa lógica, a própria antropologia no México se voltou tradicionalmente para os estudos pré-colombianos, preocupada em demonstrar a "continuidade" com esse glorioso passado que ainda deixaria seus resquícios nos povos de hoje, fenômeno a que Pedro Pitarch chamou de "cânone pré-hispânico" da antropologia nacional.

Segundo Jan de Vos (1997), o México é um país que constrói sua nacionalidade através do discurso do "índio", mas que, ao mesmo tempo, praticou sistematicamente o etnocídio. Assim, se o levante zapatista afirma a importância dos povos indígenas no México, o faz, entretanto, sem relegá-los a um passado perdido. O movimento zapatista afirma a contemporaneidade dos povos indígenas e produz uma ruptura com a própria história oficial nacional. Não se trata mais de identificar os povos indígenas com a essência original de uma nação homogênea, mas denunciar a ação etnocida colonizadora e capitalista dos últimos séculos, afirmando a diferença dos povos indígenas e a possibilidade de construir, a partir deles, outros presentes.

É interessante observar como houve, de acordo com o próprio censo oficial,[29] um aumento dos indivíduos registrados como "indígenas" após o levante zapatista.[30] De acordo com o XI Censo General de Población y Vivienda, realizado em 1990, 8% da população total mexicana foi classificada como indígena. Isso é equivalente a seis milhões e quinhentos mil falantes de uma língua indígena, dentro de um total de aproximadamente oitenta e um milhões de pessoas. O XII Censo efetuado no ano de 2000 mostrou que o contingente indígena aumentou tanto em termos absolutos como em termos proporcionais em relação à população não-indígena, chegando a cerca de 9%. Se considerarmos o método utilizado pelo Instituto Nacional Indigenista (INI) do México que defende a autodeclaração, estima-se que o número de indígenas chegaria a quase 10% de indígenas no país.

É preciso atentar também que grande parte dos indígenas estão concentrados nas regiões centro e sul do país, principalmente nos estados de Oaxaca, Yucatán e Chiapas. Esses estados compõem, junto com outras partes do México e de outros países na América Central a área que ficou conhecida como "Mesoamerica".[31] É nessa região, considerada mesoamericana,[32] no estado

29. Dados retirados de *Informe sobre los indígenas de México* (Moreno, M. & Pitarch, P., 2001)

30. Segundo os critérios censitários, são considerados indígenas aquelas pessoas que falam uma das 59 línguas indígenas do país (e suas variedades) no seu núcleo doméstico.

31. Em 1943, Paul Kirchhoff buscou definir a unidade dessa região a partir de determinados traços culturais que seriam comuns aos diferentes povos. Seus estudos, marcados por uma proximidade com a escola do difusionismo antropológico, definiam a Mesoamérica como um complexo regional culturalmente coeso, que, apesar das grandes diferenças internas, tinha como eixo uma zona nuclear de "alta-cultura", substrato da cosmologia da região. Nessa zona central teriam se originado inovações sociais que se expandiriam para o norte e para o sul: o cultivo do milho, o sacrifício humano com significado religioso, "jogos de bola", o uso de calendários, dentre outros.

32. Se a definição da região mesoamericana parte de princípios homogeneizadores e inegavelmente de resquícios difusionistas, e, por isso, foi vastamente criticada por diversos estudiosos da região, ela também produziu efeitos que são ainda sentidos, inclusive, nos próprios movimentos políticos da região que muitas vezes reivindicam uma resistência mesoamericana.

de Chiapas,[33] que estão localizados os indígenas mayas zapatistas. Os mayas que se dividem em diferentes povos e línguas formam a maioria da população indígena. Carlos Lenkersdorf, em seu texto *A cosmovisão maya,* define os maya como: "(...) cerca de 30 povos ou nações com idiomas relacionados, mas diferentes. Derivam-se de um campo comum denominado protomaia que não é mais falado e que foi em parte reconstruído por alguns linguistas" (Lenkersdorf, p. 10, 1999). No seguinte mapa, podemos ver as principais línguas indígenas faladas por região no estado de Chiapas:

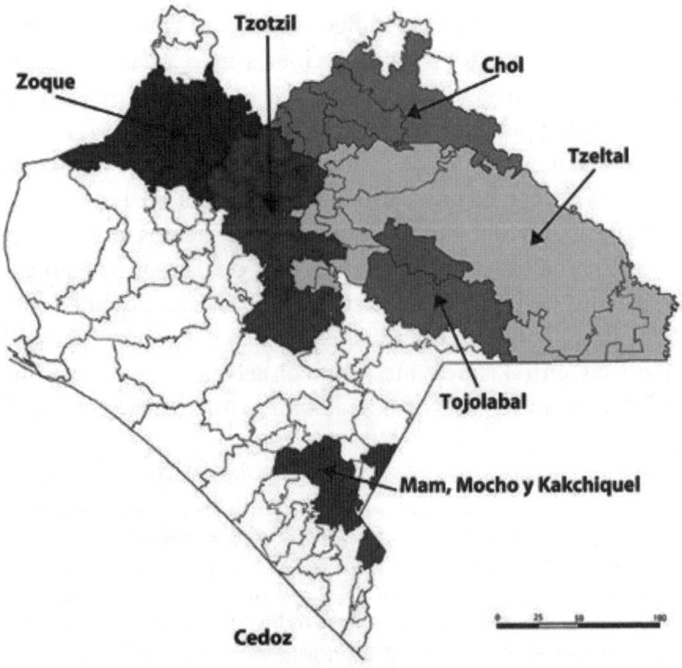

Mapa: Algumas das principais línguas indígenas faladas em Chiapas. Todas as línguas que aparecem no mapa são da família linguística maya, com exceção do Zoque que é da família mixe-zoqueana. (Retirado do site Centro de Documentación sobre Zapatismo.)

33. Em Chiapas, vivem cerca de 1.117.597 indígenas, o que representa 28,5% da população total do estado e 14% do total da população indígena do país (Armas, 2008). No estado são faladas cerca de 22 línguas indígenas.

É importante observar que as diferenças internas entre os chamados maya contemporâneos são consideráveis. Conheci indígenas tojolabal que não compreendiam o tzotzil e vice-versa. É importante ressaltar também que cada língua não é necessariamente correspondente a um povo ou uma etnia. Há milhares de indígenas tzotzil espalhados em espaços diferentes da região que tem vidas bastante distintas: basta comparamos um tzotzil de Chamula, chamada "cidade priista"[34] com suas vestes sóbrias e o hábito de tomar *posh* (um tipo de aguardente comum na região) na igreja, com as vestes coloridas de alguns tzotzil zapatistas também dos Altos de Chiapas, que não consomem álcool nem vão à igreja. Isso poderia ser dito igualmente dos tzeltzal, dentre outros.

Além da heterogênea composição indígena, o Exército Zapatista de Liberación Nacional (EZLN) teve como núcleo inicial um pequeno grupo de origem urbana chamado Frente de Liberación Nacional (FLN). O grupo teve início em 1969, a partir da visão política de que o México era uma nação dominada pelo imperialismo americano, o que demandava uma revolução que possibilitasse a libertação nacional. Segundo o Subcomandante Marcos, a Frente de Liberación Nacional (FLN) surge como "un grupo que viene con toda la tradición de las guerrillas latinoamericanas de los setenta, grupo de vanguardia, ideología marxista-leninista, que lucha por la transformación del mundo buscando la llegada al poder de una dictadura del proletariado" (EZLN, 1996, p. 320). A influência das guerrilhas latino-americanas que tiveram como marco inspirador o guevarismo e a revolução cubana foram fundamentais para esse grupo.[35] O guevarismo é considerado um continuador das ideias marxistas-leninistas, mas, diferentemente do socialismo europeu, focado no operariado industrial, dava ênfase ao papel dos chamados camponeses. Apesar do protagonismo desses para a luta revolucionária, o próprio Che Guevara em seus escritos consideraria que o camponês, por

34. O Partido Revolucionário Institucional (PRI) é um dos principais partidos políticos do México e foi o partido hegemônico no país durante grande parte do século XX.

35. Ainda que o grupo tenha ficado isolado de outros grupos com tendências semelhantes em outros países da América Latina por conta da política de boa vizinhança feita pelo Estado mexicano com Cuba.

falta de cultura, necessitaria da direção revolucionária e política do operariado e dos intelectuais revolucionários. Em seu texto *"La guerra de guerrillas"* (1960), Che Guevara afirmava que o êxito da revolução cubana demonstrava que quando as condições subjetivas não eram suficientes para o levante das massas, pequenos focos que iniciassem ações de guerra de guerrilhas no campo poderiam provocar com alguma rapidez a insurreição geral das classes oprimidas e a vitória de um processo revolucionário. Os pequenos focos de guerrilha funcionavam, na verdade, como partidos de vanguarda, extremamente verticalizados, que levariam o projeto do socialismo científico para as massas, a partir de sua ação junto ao campesinato. O levante armado desses focos possibilitaria uma explosão de revolta que levantaria as massas de todo o território nacional levando à tomada do poder.

A primeira tentativa de deflagrar essa revolução ocorreu no início da década de 70, com a instalação de uma célula em Chiapas. O exército mexicano, entretanto, descobriu e atacou a célula, o que levou à morte de todos os seus membros no local. Após esse grande golpe, o grupo voltou a crescer no final da década de 1970. Nesse momento, ele passa a se aproximar da noção maoísta de "guerra popular prolongada", buscando travar uma guerra revolucionária duradoura que só poderia ser vencida com um exército popular treinado e não mais um grupo guerrilheiro:

> Acreditava-se que a estratégia maoísta empregada resultaria em uma polarização entre o Estado e a população, o que levaria a uma guerra civil, cabendo à célula chiapaneca "acumular forças em silêncio", ou seja, esperar e priorizar o estabelecimento de relações políticas com as comunidades indígenas da região, mas sem abandonar seu rígido núcleo militar, assim se preparando para quando a guerra viesse (Andreo, 2013, p. 33).

Reavaliando sua atuação anterior, o grupo buscava agora construir uma relação mais orgânica com os indígenas. Para tal, chegaram na Selva na década de 1980 já tendo estabelecido relações com alguns indígenas, assim como um contato que lhes permitia entrar disfarçados como membros de um projeto de saúde de uma ONG chamada Desarollo Económico Social de los Mexicanos Indígenas (DESMI). Começaram, então, a trabalhar nas comunidades, vacinando, dando aulas e ajudando nos trabalhos do campo.[36] Nessa imersão inicial, os membros da FLN tiveram que se deparar com os modos de vida totalmente distintos dos povos indígenas, assim como suas próprias organizações e movimentações já existentes.

Ao tratar da história da origem do zapatismo, muitas vezes se fala de um acontecimento iniciado apenas pela FLN, como se o interior de Chiapas fosse então um lugar formado por comunidades desconectadas e sem movimentos políticos. No entanto, há toda uma história de mobilização e organização daqueles povos, que passa por diversos períodos ligados à história política do México e diferentes tipos de organização. Em fins da década de 1930, inicia-se um período de incorporação das organizações de massa ao Estado mexicano, com a presidência de Lázaro Cárdenas. A política deste era baseada em uma defesa nacionalista da divisão de terras a partir do *ejido*[37] considerado uma célula econômica fundamental para sustentação do mercado nacional. Naquele momento, grande parte dos indígenas mobilizados passaram a formar o setor camponês do Partido Revolucionário Institucional (PRI) e a pertencer ao sindicato rural oficial, a *Confederación Nacional Campesina* (CNC). Esse tipo de política era, nesse período, uma das principais formas que os indígenas e camponeses podiam buscar seu direito à terra através de alguns dos mecanismos institucionais que levavam, por exemplo, ao acesso ao *ejido*. Tais mecanismos, marcas do modelo "corporativo", passavam também pelo financiamento de fertilizantes, crédito, proteção sindical, subsídio para alimentos, garantia de um preço mínimo para a produção,

36. Para maiores detalhes sobre a formação da FLN e sua chegada à Chiapas ver Carlos Tello Díaz (2005).

37. Os *ejidos* são uma forma jurídica de posse territorial que tem como órgão regulador não um proprietário individual, mas uma assembleia ejidal, composta pelos ejidatarios. Os ejidatarios têm direito ao usufruto das terras, mas não a vendê-las ou alugá-las. Os ejidos são concedidos via dotação às famílias pelo governo federal; é o "chefe de família" que recebe o título de posse, que só pode ser repassado por via hereditária.

dentre outros programas assistenciais que visavam o controle e a cooptação dos movimentos pelo Estado.

Na década de 1970, em uma conjuntura de crise agrícola para os pequenos proprietários de terra e de dificuldade de acesso à terra pelos indígenas e camponeses, começa uma outra fase dos movimentos, caracterizada por caminhos de luta mais independentes. Em Chiapas, esta mudança ficou marcada pelo Congresso Indígena ocorrido em San Cristóbal de las Casas, em 1974. Tal momento também é marcado pelo crescimento da teologia da libertação na América Latina e na região. Por meio de uma atuação marcante do bispo Samuel Ruíz, a teologia da libertação foi um dos principais incentivadores desse novo movimento indígena que crescia.

Samuel Ruíz é até os dias de hoje uma referência na luta dos povos indígenas de Chiapas. Quando o bispo chegou na região, na década de 1960, tinha uma orientação marcadamente anticomunista e tampouco demonstrava qualquer intenção de aprender e evangelizar nas línguas indígenas. Suas posições começam a mudar a partir de seu contato com a situação dramática de miséria em que viviam muitos indígenas, e com sua participação no Concílio Vaticano II, um dos marcos para a difusão da teologia da libertação na América Latina. O Concílio definiu a Igreja não mais como um ente transcendental, mas como "o Povo de Deus na história", o que permite que a teologia surja "a partir de reflexões críticas e iluminadas pela fé acerca da realidade dos povos, ampliando as possibilidades de participação na construção teológica" (Andreo, 2013, p. 87). Mais do que isso, o homem cristão, para seguir sua vocação divina não deve mais se isolar dos acontecimentos mundanos, mas pode e deve interferir no campo social e político para melhorar as condições materiais e espirituais de vida dos povos. Este primeiro passo de gestação da teologia da libertação foi fundamental para o seu desenvolvimento posterior, que se deu, principalmente, através da Conferência de Medellín e de mobilizações cada vez maiores das Comunidades Eclesiais de Base (CEBs) e outras organizações católicas em diversos países da América Latina.

Diante das transformações, o bispo passa a rever sua própria prática evangelizadora anterior, antes tão marcada por tendências etnocidas. Nas suas palavras: "Cuando llegué, veía las iglesias llenas de indios, pero sólo después me di cuenta del sufrimiento de esa gente, de la triste realidad, suscitando un proceso de conversión dentro de mí" (citado em Díaz, p. 59). A teologia da libertação defende que os próprios povos indígenas seriam dotados de uma religiosidade fundamental, primeira, que teria vinculação direta com os princípios cristãos. A partir de então, o tema dominante no pensamento de Samuel Ruíz foi: "a encarnação da teologia nas culturas índias, entretanto sem esquecer-se da necessidade de combater a opressão às comunidades, tanto material como cultural, na qual a própria Igreja possuía um papel de destaque" (Andreo, 2013, p. 97). A diocese de Chiapas passou a se envolver cada vez mais com as comunidades, permitindo traduções dos atos e textos bíblicos para as línguas indígenas e formando diversos catequistas indígenas para atuarem em seus locais de moradia. Com a migração de indígenas para a Selva, a Igreja era uma das instituições que se fazia mais presente através desses catequistas. Estes tiveram um papel fundamental na mediação entre o mundo *kaxlan* e as comunidades; muitos deles passaram a ser também os dirigentes das organizações que começaram a surgir na Selva.

É nesse cenário que ocorre o *Congreso Indígena Chiapas*, em 1974. Inicialmente pensado como uma iniciativa também estatal, foi rapidamente transformada pela ação dos catequistas indígenas junto ao bispo Samuel. O bispo convidado para participar do congresso e mobilizar os indígenas só aceitou com a condição de que "fuera un congreso de indígenas; de ninguna manera un congreso de tipo turístico, folclórico, ni mucho menos con tintes demagógicos" (Díaz, 2013, p. 66). A partir de então:

> La participación de don Samuel hizo que la conducción del Congreso, inevitablemente saliera de las manos del gobierno de la República. Fueran elaboradas, por acuerdo de las comunidades, cuatro ponencias – tzeltales, choles, tzotziles y tojolabales – que giraban, a su vez, alrededor de

> cuatro temas: la tierra, la salud, la educación e, por último, el comercio (ibidem).

A dinâmica do Congresso se estabelecia com o princípio de que todas as reuniões deviam ser realizadas em línguas indígenas e se fosse necessário traduzidas depois para o castelhano. O tema privilegiado pelos representantes das comunidades foi o da luta pela terra. Desse mote principal, foram retirados alguns objetivos: "despertar la conciencia proletária en nosotros" e "el cambio del actual sistema hacia una sociedad en que no haya propiedad privada de los medios de producción" (idem, p. 67) Durante o congresso, os porta-vozes das diferentes comunidades tiveram oportunidade de se conhecer mais, assim como de planejar suas articulações políticas. Esses porta-vozes também entraram em contato com algumas organizações que se tornaram cada vez mais importantes na região, como é o caso da *Unión del Pueblo*, com linha maoísta e próxima a Igreja. É interessante notar como nas anotações que orientavam a metodologia do Congresso havia uma preocupação explícita de favorecer a iniciativa e os debates dos próprios indígenas, com comentários do tipo: "não levar a ideia de presidir, ou de dirigir, mas ser mais um entre eles", "deixar que o grupo eleja seus próprios representantes",[38] etc.

As repercussões do Congresso foram importantes nas comunidades durante os anos que se seguiram e veio junto de um aumento da repressão e da militarização por parte do Estado. É nesse momento que a FLN volta à Selva e conta com a ajuda indispensável da própria Igreja:

> En ese marco de violencia [estatal], los guerrilleros empezaron a penetrar en las comunidades. No las penetraron solos. El apoyo de la diócesis resultó fundamental. (...) El respaldo de los padres, hay que subrayar, fue siempre cauteloso. Muchos en la diócesis ignoraban, incluso, el papel que jugaban sus otros compañeros. Samuel Ruiz, en concreto,

38. Retiradas de Andreo, p. 129.

jamás habló sin rodeos a favor de la guerrilla. Hablaba más bien con la ayuda de parábolas (Díaz, p. 102).

Foi com esse apoio levemente discreto, mas bastante concreto, que os guerrilheiros conseguiram entrar nas comunidades da Selva. As comunidades viviam na sua absoluta maioria sem luz, água, telefone, ou caminhos para transitar. Seu maior contato com a cidade era sem dúvida a Igreja. A partir dessa entrada a FLN seguiu intensificando seu trabalho nas comunidades com relativa discrição e com cada vez maior adesão por parte dos indígenas e camponeses.

Um indígena que conheci na região da Selva Lacandona contou um pouco de sua história como miliciano zapatista antes do levante: ele ia entrar no exército estatal com 18 anos, mas seu pai lhe convenceu a não entrar. "Ia começar uma guerra feita pelos povos", disse seu pai. Ele entrou, então, para o treinamento da guerrilha, chegando a conhecer Marcos e outros membros da inicial FLN. Nesse processo, ele aprendeu artes marciais, treinamento de tiro e participou de constantes encontros de formação política. Antes do levante, o treinamento era feito no meio da madrugada, de maneira escondida, mas, depois, o treinamento passou a ser feito na própria comunidade. Nessa época, toda a comunidade era de zapatistas e quase todos os jovens viraram milicianos. A luta armada era uma boa opção para eles, conta. Pois, na sua comunidade, ninguém tinha terras para si e muitos ainda tinham que trabalhar em péssimas condições nas fazendas. Após o levante, todas as famílias da comunidade conseguiram terra, contou ele. Essa é uma narrativa que se repete entre os indígenas que entraram para as fileiras da guerrilha: a luta pela terra, base da autonomia, foi fundamental para o levante.

Com esse mote, a organização aumentava no início dos anos 1990, mas sem deixar de lado algumas tensões com outros movimentos locais e também com a própria diocese de San Cristóbal. A relação entre as FLN, outros movimentos na região e a Igreja não foi sempre e continuamente de harmonia. Ainda que houvesse uma certa cumplicidade no sentido de incentivar a luta dos indígenas e camponeses, os meios pelos quais isso se dava eram bastante controversos. Grande parte dos membros da igreja seguia apoiando uma luta por meios mais pacíficos. Essa diferença pode ser sentida até os dias de hoje na região, por exemplo, como a distinção entre os indígenas de Acteal, explicitamente vinculados ao catolicismo e defensores do pacifismo, e os indígenas zapatistas, que consideram legítimo o uso da força em situações como o levante de 1994. O ano de 1992 foi um marco para os movimentos indígenas no México e em outros países latino-americanos que se mobilizaram em torno dos protestos contra os 500 anos do "descobrimento das Américas". Em San Cristóbal, houve uma grande manifestação onde foi destruída a estátua do conquistador Diego de Mazariegos, ali já estavam muitos dos indígenas que estavam se organizando através do zapatismo.

É essa heterogênea composição indígena, da igreja, com grupo guerrilheiro que constitui o zapatismo tanto no momento do levante[39] quanto no seu cotidiano de lutas que viria depois. Tal composição produziu e mesclou diversas tendências pelas quais o movimento ficou conhecido no mundo: movimento guerrilheiro baseado nas perspectivas clássicas de esquerda, movimento de luta pela terra, movimento em defesa dos direitos indígenas, movimento autonomista. Já mencionamos um amplo debate sobre se essas transformações seriam ou não meramente instrumentais para parte da comandância do EZLN que, tendo em vista que não mais conseguiria "tomar o poder", teria transformado seu discurso aproximando-o do indigenismo. Independentemente das "verdadeiras" intenções da comandância do EZLN, o fato é que não se pode tomar em conta as propostas zapatistas sem considerar a influência dos próprios indígenas, que sempre foram a maioria esmagadora do movimento. E, inegavelmente, essa influência e suas interações, seja com a comandância seja com o cenário criado pela própria contra-insurgência estatal, produziram transformações no movimento que o levaram a reivindicar cada vez mais a autonomia e seu caráter marcadamente indígena. O movimento zapatista passa, então, a se tornar explicitamente uma "organização indígena". O próprio subcomandante Marcos chegou a afirmar: "O fundamental da nossa luta é a reivindicação dos direitos e da cultura indígena, porque é o que somos."

---

39. Para conhecer mais sobre o levante zapatista ver Díaz (1995), Baschêt (2021).

É importante notar que essas transformações também podem ser percebidas em diversos outros movimentos do México e da América Latina. Se na década de 70, grande parte deles não incluíam as demandas de caráter étnico em seus programas políticos, no final da década de 80 isso vai se modificando. Os movimentos indígenas que acumulam forças em fins dos anos 80, explodem na vida pública na década de 90, proporcionando o que Yvon Le Bot (2013) denominou de "la gran revuelta indígena" na América Latina.

Como um dos protagonistas principais da "primavera indígena" (Le Bot, 2013), o movimento zapatista, embora tenha se transformado, não se afastou de uma perspectiva anticapitalista, nem abandonou a terra como uma das suas reivindicações principais. A polarização que muitas vezes se coloca para os movimentos sociais entre defender aspectos agrários e econômicos (típicos dos movimentos ditos clássicos) ou aspectos étnicos e culturais (típicos dos movimentos que surgem a partir de fins da década de 80) não parece fazer muito sentido no decorrer da história zapatista. A autonomia indígena não pode ser construída sem a terra e os meios para *viver bem* nela. A própria terra, ao estar nas vidas e nas bocas dos indígenas do movimento, parece ganhar um sentido bastante distinto, como veremos.

É inegável, então, que, ao longo dos anos, a autonomia foi ganhando progressivamente maior importância no movimento. Cada vez menos ela aparecia como uma reivindicação ao Estado e cada vez mais, como algo que deveria ser construído pelos próprios indígenas independentemente do Estado. Há dois momentos que podemos destacar para a consolidação da autonomia zapatista: a criação dos municípios autônomos já em 1994 e a criação dos caracóis e das Juntas de Buen Gobierno em 2003, momento em que a ruptura das negociações com o Estado já parece definitiva. Os municípios autônomos eram qualificados como a organização dos povos rebeldes para a resistência e já possuíam uma série de características que seriam fundamentais para o desenvolvimento da autonomia zapatista:

> Los municipios autónomos se organizaron por las comunidades indígenas dentro de territorios de influencia zapatista. Como la guerra y la militarización impedían a los campesinos acudir a centros regionales, optaron por resolver algunos problemas por medio de la autoorganización. Estos municipios autónomos abrieron sus propios registros de nacimiento, matrimonio y defunciones. Desde esa fecha muchos campesinos de las regiones con influencia zapatista dejaron de acudir a las oficinas oficiales. Las comunidades en asamblea decidían la pertenencia o no a un municipio autónomo y elegían a sus representantes para el Consejo Municipal Autónomo. (...) Para su funcionamiento se recurría a la asesoría de pasadas autoridades o del Consejo de Ancianos (...). Eran municipios paralelos a los constitucionales. No recibían financiamiento estatal ni recaudaban impuestos. (...) Los que desempeñaban un cargo no recibían salario. Sus desplazamientos solían ser pagados por las mismas comunidades que solicitaban dicho traslado para la atención de algún problema. En algunos casos los miembros del Consejo eran apoyados en los trabajos del campo que no podían cubrir por dedicarse a su cargo. Los municipios autónomos resolvían problemas locales de convivencia, relación e intercambio entre las comunidades, y atendían delitos menores. En caso de delincuencia, el castigo que se solía imponer era la reparación del daño (en vez de la cárcel) (Reynoso & Sánchez, 2015, p. 170 – 171).

A ideia de uma justiça não punitiva porém restitutiva; a proposta do cargo de autoridade autônoma já ser considerado um trabalho coletivo, em que não se recebe salário, mas apoio da comunidade; o fato das comunidades indicarem de baixo para cima seus porta-vozes; o fortalecimento de uma outra organização coletiva que independe do Estado; são alguns dos traços dos municípios autônomos que vão sendo desenvolvidos durante a história do movimento zapatista.

Figura 4: Casa das Juntas de Buen Gobierno no Caracol de Oventik.

Visitei algumas vezes a casa das Juntas para tratar da entrada e saída nas comunidades, ou de outros assuntos. Os membros das Juntas sempre foram atenciosos e sérios. Uma das vezes, fui até eles para fazer minha inscrição no Curso de línguas de tzotzil. Entrei na casa das Juntas, todos com *passamontaña* me olhavam, como sempre, em silêncio. Três autoridades mulheres zapatistas fariam os trâmites da inscrição nos dias do curso. Nas paredes, fotos de insurgentes, Che Guevara e uma bandeira do Movimento de Atingidos por Barragens (MAB). O silêncio se estica. Sento-me, sem ninguém me dizer para sentar. Olho para o outro banco: duas mulheres com um pouco mais de idade estão com os olhos semicerrados. Difícil saber se estão dormindo, escutando, sonhando, refletindo. Olho para a mulher ao lado das duas com mais idade, ela está mais próxima de mim. Notei que ela carregava um bebê enrolado em um *rebozo* (pano típico usado para carregar os bebês), demorei um tempo para distinguir sua presença no meio dos tecidos. De repente, o bebê sai do meio dos panos, devia ter cerca de dois anos, quando percebo que ele está com um pequeno *pasamontaña*. Nesse momento, todos na sala também riram: um bebê com *pasamontaña* e a surpresa da estrangeira. Depois do riso, voltam a fazer os trâmites: preenche o formulário, assinam três representantes da Junta, carimbo, minha assinatura e pronto. Me dizem que "é tudo", agradeço e me despeço, soltam um leve som de "hummm" tão característico. Silêncio e sorriso, mais um encontro zapatista.

1.3 A AUTONOMIA NA VOZ DOS EDUCADORES

Os educadores zapatistas contam que o termo tzotzil para autoridade autônoma é *amtel jpantan*. *Amtel* significa trabalho e *jpantan* significa do povo. Eles me explicam: "Isso significa que o trabalho que a pessoa está fazendo não é dela, mas sim do povo mesmo. Não são chefes." Esse termo que define autoridade autônoma nos remete diretamente a uma das bases da construção da autonomia: *a'mtel* e seu uso comum *komon a'mtel* (trabalho coletivo).

A'mtel ganha, então, um significado bastante específico e distinto do que costumamos dar a trabalho: *a'mtel* significa trabalho verdadeiro. O trabalho verdadeiro é aquele que você faz para sua família, comunidade, ou para você mesmo como pessoa. Com esse tipo de trabalho, cada família tem seu próprio tempo, ninguém pode determinar quanto e como cada um deve trabalhar. Como diz Emiliano, "é o seu coração que vai dizer." Em outras palavras, o que determina esse trabalho são as necessidades de cada família, comunidade e da organização autônoma. Lupita também diz que *a'mtel* significa que o trabalho não está separado da vida, mas faz parte dela.

Existem outras palavras para nomear esse tipo de trabalho verdadeiro, uma delas é *pak k'ak'al*. A primeira palavra, *pak*, significa intercâmbio e a segunda, *k'ak'al*, sol ou dia, seu conjunto significaria intercâmbio de dia. Para explicar essa expressão, Emiliano nos dá um exemplo: se uma pessoa tem que fazer um trabalho hoje e pede ajuda para outra, amanhã essa outra pessoa vai também pedir ajuda à primeira. Emiliano explica: "Assim vão se criando cadeias em toda a comunidade. As pessoas vão trocando os dias. Nessa palavra, *a'mtel*, não se trata de dinheiro, mas sim da relação entre as pessoas. Mas só funciona quando a nossa mente e o nosso coração não estão individualizados, quando não pensamos em dinheiro."

O trabalho verdadeiro se distinguiria de *kanal* que, segundo os promotores, é uma palavra em castelhano que se "tzotzilizou". A origem deste termo seria o verbo em castelhano *ganar*. O promotor explica:"É que antes não se ganhava, se trabalhava para as necessidades, não para ganhar. Isso nasceu quando chegou a colonização. Eles tomaram as nossas terras e nos ofereceram ganhar. Primeiro, ganhamos objetos, depois dinheiro. Só é possível *kanal* com um patrão, um chefe, se não, não é mais *kanal*. Não chamamos isso de *a'mtel*, é exploração ou escravidão. Quando uma pessoa se aproveita de outra, nasce o *kanal*. Para nós, é muito claro quando vamos *kanal* ou *a'mtel*". Emiliano traduz seus conceitos tzotzil para os conceitos marxianos: *a'mtel* seria semelhante o valor de uso e *kanal* seria semelhante ao valor de troca. Os educadores zapatistas vão além e afirmam como o trabalho no sentido de *kanal* é algo que se infiltra nos corações e mentes: "O capitalismo é trapaceiro, não diz quando vai te explorar, te oferece trabalho, diz que oferece uma oportunidade. Essa é uma forma de ver como o capitalismo avança nos nossos corações e mentes." Depois, prosseguem seu pensamento falando sobre as contradições trazidas pelo trabalho em diferentes profissões: "Muitas vezes, o direito ao trabalho é o direito a que nos explorem, não somos contra as pessoas serem professores, ou trabalharem numa loja, a questão é ter um patrão que nos diga o que temos que fazer. Mas sabemos que é um processo, que na maioria dos lugares não se pode dizer amanhã não vou mais *kanal*, vou *a'mtel*".

Para manter sua vida autônoma, os zapatistas têm, em geral, um duplo trabalho que a maior parte das vezes consegue ser *a'mtel* e não *kanal*. Um dos tipos de *a'mtel* é o trabalho na *milpa*[40] da família, de onde provém parte fundamental de seu alimento, o outro é o trabalho coletivo *(komom a'mtel)*. O trabalho coletivo *(komom a'mtel)* atravessa não só a família, mas toda comunidade. A raíz, *komon*, também pode ser usada em diferentes expressões:

40. Como é chamada a plantação familiar de milho e feijão. Esses dois alimentos são a base alimentar das famílias zapatistas.

komon snopel (pensar coletivo), *komon ve'el* (comer coletivo), *komon xchanel* (aprender coletivo), *komon kuxlejal* (vida coletiva).

Esse trabalho coletivo pode variar bastante: pode ser tanto em uma *milpa* coletiva – geralmente há uma em cada comunidade –, como também, cumprir algum cargo como autoridade autônoma, promotor de educação, saúde, etc. É, principalmente, a partir do trabalho coletivo que funciona a organização da vida zapatista. Em relação ao trabalho na terra, há algumas comunidades que nela trabalham coletivamente durante todo o tempo, enquanto em outras comunidades há pequenos pedaços de terras onde o trabalho é familiar e outro onde o trabalho é coletivo e realizado através de cooperativas ou simplesmente trabalho coletivo para a própria comunidade. Isso fica a cargo de cada comunidade decidir.

Curiosa sobre como os zapatistas traduziriam a palavra autonomia, perguntei para o promotor Emiliano. Ele me respondeu, depois de um tempo pensando, que traduziria como *xkuxlejal* (vida) *stuk* (própria) *jteklum* (pueblo). Explica ele: "O espírito da autonomia é não ter centro onde se concentra o poder, não tem separação entre quem manda e quem obedece, tem que ser o próprio povo. Ninguém de cima vai lhe dizer o que você tem que fazer." A não separação entre "quem manda" e "quem obedece", nos remete à definição clastreana de uma sociedade contra o Estado (Clastres, 2003).

A principal característica dessa forma de organização seria conjurar a transcendência do poder, sem permitir que uma Lei externa se imponha à sociedade. Há analogias entre o "chefe sem poder" e a noção de "mandar obedecendo" que subjaz a proposta da autoridade autônoma, expressa na famosa máxima zapatista, "aqui manda o povo e o governo obedece". Ainda que existam as autoridades autônomas, com suas próprias qualidades e prestígio – dons oratórios, responsabilidade e comprometimento com a organização parecem ser as qualidades mais evocadas pelos zapatistas em relação às suas autoridades – os zapatistas reiteram que as autoridades trabalham para a comunidade, que ser autoridade é muito trabalhoso e, muitas vezes, exige que a pessoa tenha de se afastar de sua *milpa* por um tempo. As autoridades autônomas das *Juntas de Buen Gobierno* se revezam por turnos nos caracóis e não recebem salários. No máximo, alguma ajuda com alimentos, por isso, a tradução para autoridade autônoma é *a'mtel jpatan* que significa: aquele que faz um trabalho que não é dele, mas do povo. Como apontado por Pierre Clastres, tudo nos leva a crer que: "O chefe está a serviço da sociedade. É a sociedade em si mesma – verdadeiro lugar do poder – que exerce como tal sua autoridade sobre o chefe" (2003, p. 223).

Figura 5: Os 7 princípios zapatistas escritos pelos educadores em uma das aulas de tzotzil.

Entretanto, diferente da ideia de Clastres, entre os zapatistas não parece existir a fragmentação e segmentaridade da vida social, marcada pela guerra. É verdade que a guerra aparece, de certa maneira, vinculada à palavra: *k'op* significa guerra, palavra, língua, luta, problema. Lupita me explica: "Há muito tempo, vivemos uma guerra, que passa pelas armas, mas também pelo uso da nossa língua". Como dito por Pedro Pitarch (2013b), entre os povos mayas, não se atribui ao âmbito das palavras e conversas uma forma de evitar o conflito, ao contrário disso, parece não haver diferenciação entre o conflito e as palavras. Talvez, por isso, tantas vezes, os zapatistas optem pelo silêncio ou pelas poucas palavras. Contudo, a lógica da guerra não aparece como princípio da segmentaridade da vida social. A autonomia zapatista é expressa pela afirmação da vida autônoma e de suas múltiplas formas de produção (o que inclui o fortalecimento de assembleias, escolas, atenção à saúde, etc.). Poderíamos dizer que há um investimento na unidade zapatista, ainda que essa unidade seja atravessada pelas enormes heterogeneidades do movimento – como as decisões são tomadas por assembleias locais, a própria dinâmica da vida coletiva nas diferentes comunidades varia muito.

A multiplicidade interna compõe o zapatismo, mas não parece ser produzida por uma relação de inimizade entre os indígenas zapatistas, o que é diferente de como funcionavam os mecanismos das sociedades primitivas descritas por Pierre Clastres, modo no qual as comunidades vizinhas se afirmam enquanto diferença absoluta, liberdade irredutível para manter a multiplicidade e seu ser enquanto totalidade.

Talvez a unidade zapatista se dê pela guerra instaurada contra o "mal gobierno", como uma forma de se proteger dos ataques colonizadores, um pouco como descrito por Davi Kopenawa em relação aos brancos:

> Se os brancos não tivessem entrado em nossa floresta quando eu era criança, com certeza eu teria me tornado um guerreiro e, tomado pela raiva, teria flechado outros Yanomami por vingança. Cheguei a pensar nisso. Mas nunca matei ninguém. Sempre contive meus maus pensamentos acima de mim e fiquei quieto, lembrando-me dos brancos. Dizia a mim mesmo: 'Se eu flechar um dos nossos, esses forasteiros que cobiçam a floresta dirão que sou mau e não tenho nenhuma sabedoria. Não farei isso, porque são eles que nos matam com suas doenças e suas espingardas. Hoje é contra eles que devo dirigir meu rancor (Kopenawa & Albert, 2015, p. 73).

Se a política de contra-insurgência estatal funciona por diferentes vias, podemos dizer que o conflito do zapatismo em relação ao Estado (que, pela sua lógica de funcionamento, está constantemente em uma tentativa de extermínio dos povos indígenas) se dá tanto em relação aos seus aparelhos repressivos (exército, por exemplo), quanto aos seus aparelhos produtivos (que se expressam nas formas de vida dos indígenas não-zapatistas, marcadas pelo acesso ao consumo, produtos industrializados, programas assistenciais). A autonomia não existe, então, de maneira isolada, mas na relação de diferenciação com essas vidas marcadas por órgãos de poder transcendentes.

Junto do seu aspecto negativo, a recusa em recorrer ao Estado e ao Capital vem acompanhada de toda uma afirmação da vida autônoma. Devemos ressaltar que a própria ideia de autonomia tem diferentes significados entre os distintos movimentos indígenas e que estes implicam níveis diferenciados de relação com o Estado. Em muitos movimentos indígenas que tiveram força na Bolívia nos últimos anos, por exemplo, a ideia de autonomia esteve ligada à demanda de inclusão no Estado Plurinacional. No caso de movimentos em Oaxaca, a autonomia de *comunalidad* se dirige ao Estado para que ele não intervenha nos assuntos das comunidades, como também ocorreu no início do movimento zapatista. Em relação ao zapatismo, principalmente a partir de 2003, ainda que resguardem um certo nacionalismo e se considerem, em certo sentido, parte do povo mexicano, o que vemos é uma recusa explícita de qualquer tipo de demanda ou relação com o Estado – eles não votam, não participam de nenhum programa assistencial, não recorrem às instituições estatais, nem colocam nenhuma pauta do movimento para o Estado.[41]

Isto não significa que a vida autônoma seja um espelho negativo do Estado ou que use dos mesmos meios dele só que para fins zapatistas. Nesse sentido, nos parece falha a argumentação de Marco Estrada Saavedra (2009) de que as *Juntas de Buen Gobierno* funcionem "como se fossem um Estado"; segundo o autor, isso se daria através de uma centralização dos poderes na ausência da divisão dos mesmos como forma de contra-pesos. O próprio termo *Juntas de Buen Gobierno* fala de governo e não de Estado, pois não se trata de construir um "bom Estado".

Atentemos para a história de Juan, um militante indígena tzeltal, de um movimento simpatizante ao zapatismo aderente à Sexta Declaração da Selva Lacandona. Juan e seus companheiros

41. Poderíamos dizer que se situam no aspecto Oriental da revolução, enquanto destruição e não tomada do Estado (Deleuze & Guattari, 1997, p. 58).

estavam com conflitos relacionados à terra com alguns vizinhos *partidistas*. Os vizinhos não respeitavam um espaço que eles usavam para cuidar dos animais. Como as terras daquela região tinham sido distribuídas no processo de retomada que ocorreu logo em seguida ao levante, não havia nenhuma delimitação oficial de propriedade e nem consenso entre os indígenas sobre quais eram os limites de cada terra – situação comum que levava a desavenças em diferentes comunidades. Juan e seus companheiros, por serem simpatizantes do zapatismo, foram até as *Juntas de Buen Gobierno* se queixar da situação e pedir que eles resolvessem o problema. As *Juntas de Buen Gobierno* responderam: "nós podemos apoiá-los no que vocês decidirem, ainda mais se forem atacados por alguma força estatal, mas não podemos fazer por vocês, vocês têm que se organizar para resolver o problema de vocês". Juan me disse: "aí vimos que as coisas funcionavam de outra maneira..."

Essa ideia de que as pessoas das comunidades devem resolver e debater sobre os problemas que lhes cabem e não uma entidade externa é fundamental para o combate à centralização do poder. Pergunto para Maria como chamam autonomia, ela me responde que não há uma tradução exata, mas que poderia traduzir por: *sk'el sbajstuk*. Quer dizer, já não pertence a outro, mas ao próprio pueblo. *Stuk* significa sozinho (ninguém de fora vai falar ou decidir), *sbaj* significa cuidar-se, *skel* significa cuidar, é aquele que organiza. Ela diz: "É algo muito grande, é um povo que ninguém deve dizer o que se tem que fazer. É assim que um povo cuida de si mesmo". É um povo que se cuida sozinho sem um órgão de poder externo que se separe. A autonomia não é uma ideia abstrata, mas emerge da terra, de relações profundas que os zapatistas estabelecem não apenas entre humanos, mas também com o cosmos.

Esse ponto nos leva à diferenciação entre o viver bem e a noção de desenvolvimento. Para viver bem não pode haver centro nem periferia, o que atravessaria, como dito por Emiliano, tanto "coisas grandes, como coisas pequenas". Quer dizer, esse funcionamento estaria presente tanto na vida cotidiana das famílias, como também estaria vinculado à proposta política que constitui as *Juntas de Buen Gobierno*, enquanto espaços mais amplos de decisões políticas. As *Juntas* não se separariam dos povos, são pessoas que não se separariam da comunidade, estando sempre indo e voltando para trabalhar na terra. Mais do que representantes, as autoridades autônomas seriam porta-vozes entre comunidades e com os não-zapatistas.

Figura 6: Mural no Caracol de Morelia.

1.4. AS MULHERES ZAPATISTAS

As mulheres zapatistas são vozes fundamentais na luta por autonomia, participaram ativamente do levante armado e são base da construção cotidiana nas comunidades. O Subcomandante Marcos afirma que a primeira revolta não foi a de 1994, mas sim a que culminou na Lei Revolucionária das Mulheres em 1993. Diante de um cenário de violência doméstica, discriminação e exploração, essa lei é a expressão da organização das indígenas zapatistas em busca de transformação e foi gerada a partir de um amplo debate comunitário. As primeiras mulheres que participaram do movimento antes do levante de 1994, percorreram suas comunidades para dialogar com outras mulheres sobre o movimento e as questões que a atravessavam. O debate gerado abriu caminho para um processo de formação educativa, cujo núcleo reflexivo comum se centrava na problematização em torno das condições de vida das mulheres indígenas (Barbosa, 2018).

Sylvia Marcos (2010) aponta como a lei de mulheres não pode ser lida à luz de uma abordagem feminista convencional. A máxima das mulheres zapatistas "somos iguais porque somos diferentes" aponta para caminhos bem distintos do conceito de ser individual próprio do "feminismo da igualdade". Operando mais uma tradução *equívoca*, desta vez, do feminismo, as zapatistas mostram como suas concepções estão inscritas no conceito de sujeito coletivo. Segundo a autora, adentra-se em uma base filosófica tão outra que consegue propor e construir igualdades nas práticas cotidianas e políticas sem implicar em uma identidade de sujeitas independentes individuais.

Em caminho semelhante, Lia Barbosa (2018) aponta uma dualidade complementar (e não excludente) para pensar as questões de gênero na filosofia maya. Para as zapatistas e as pessoas nos mundos mesoamericanos, seu ser não está encapsulado. O outro, seja homem, mulher, filho, mãe, avó, animais, plantas não está fora de si. A coletividade faz parte do próprio eu. Forma-se, assim, uma das bases para sustentar a afirmação dessa diferença, como expressão do ser igual (Marcos, 2010). Na luta das mulheres zapatistas, tudo é concebido como particular em sua multiplicidade – e não idêntico.

Em diversas casas zapatistas que frequentei, se repetiu uma situação bastante semelhante: uma forte divisão sexual do trabalho, com funções bastante definidas para homens e mulheres, remetendo à noção de dualidade complementar. Em geral, os homens trabalham na *milpa* e as mulheres trabalham dentro de casa. No cotidiano de alguns casais mais jovens, pude perceber uma diferença quanto a isso: algumas mulheres também trabalhavam na *milpa* e alguns homens trabalhavam mais em casa. Muitas delas também atuam ativamente no movimento: participando de assembleias, como promotoras e autoridades autônomas.

Escutei das zapatistas, principalmente das mais jovens, diversos relatos sobre as diferenças das suas vidas em relação à situação das mulheres *partidistas* hoje. Por exemplo, a prática comum do casamento forçado é algo que não ocorre mais entre os zapatistas, mas é recorrente em famílias *partidistas*, onde os homens da família decidem com quem as jovens vão se casar. Sobre isso, Lupita conta:"Na organização zapatista, as mulheres tomam a decisão sobre o casamento. O homem deve perguntar a elas se querem ou não se casar." Ela também me conta da história de sua mãe: antes do levante zapatista um homem chegou até sua família e a pediu em casamento. O pai de sua mãe queria obrigá-la a casar contra a sua vontade, chegando inclusive a agredi-la fisicamente. Sua mãe teve que fugir para outra comunidade onde acabou conhecendo o pai de Lupita e se casando com ele. Ambos se tornaram zapatistas depois. Ela conta que a situação que ocorreu antes com seu avô e sua mãe é impensável hoje entre famílias zapatistas. Além disso, as mulheres zapatistas participam de todos os níveis do governo autônomo e têm suas próprias cooperativas, o que favorece alguma independência econômica e política. Elas também formavam e ainda formam uma grande parte das fileiras da força de guerrilha e da autodefesa. Vale lembrar a importância da Comandanta Ramona, uma das principais figuras públicas do início do movimento, sendo a primeira zapatista enviada para a Cidade do México para representar o movimento (Stanchev, 2015).

Figura 7: Jovens zapatistas no caracol de Oventik em 2017.

1.5. SAÚDE AUTÔNOMA

A saúde é uma parte fundamental da autonomia zapatista e traz bastante relação com a educação em saúde. Ao conversar com Emiliano sobre o que eles entendiam por saúde, ele me explicou que não existia uma palavra para saúde em tzotzil: "Saúde não é como saúde em castelhano, ter hospitais ou coisas assim... É não ter doenças, principalmente desde o *lekil kuxlejal*, viver bem." A expressão *ju'un koon*, que quer dizer "meu coração está um", é a melhor maneira de dizer que uma pessoa está bem, é a forma mais próxima de expressar que alguém está com saúde. *Ju'un koon* significa que a pessoa tem a mente e o corpo saudáveis, articulando os elementos para viver plenamente. Um dos elementos para tal, relacionado a toda a luta zapatista é o *bats'i lekil ve'elil* que significa o comer verdadeiro. Lupita explica que é uma luta muito grande se alimentar de comida verdadeira: "Tem muita comida fabricada, com isso têm mais doenças que são desconhecidas. Também tem o uso dos químicos. Nós, zapatistas, não usamos químicos, mas os *partidistas* usam, o que afeta a nossa terra e tem um cheiro que vai com o vento". Junto ao aumento da comida industrializada, a ameaça dos agrotóxicos e dos transgênicos é uma constante nas comunidades e afeta bastante a produção do milho.

O milho é a principal comida verdadeira, base alimentar dos indígenas da região, chamado de *ixim*. Com o aumento do milho transgênico, os zapatistas também falam em *bats'i ixim* (milho verdadeiro) para denominar o milho que não é transgênico. Sobre a importância deste alimento, Lupita conta: "Os mais velhos dizem que os homens e as mulheres são feitos de milho, o que faz muito sentido porque, se você não come tortilhas, você não está comendo de verdade. O que dá vida e corpo às pessoas é o milho." Os mais velhos também contam que o *ixim* fala e tem muitos desejos. Seria necessário cuidar dele, respeitá-lo de todas as maneiras possíveis. Nunca se pode deixar um grão de milho sozinho no chão, porque ele vai se entristecer e dali não irão mais crescer outros milhos. O milho deve ter também saúde e por isso os transgênicos são muito condenados pelos zapatistas.

Diante de todas as transformações promovidas pelo avanço do capitalismo no campo, através de agrotóxicos e transgênicos, os zapatistas percebem como é cada vez mais importante construir a saúde autônoma. Uma das atuações fundamentais do movimento nesse sentido foi a formação dos *promotores autónomos de salud*. Os promotores de educação e saúde são os únicos cargos zapatistas que não são rotativos (como é o de autoridade autônoma, por exemplo), pois exigem uma formação e práticas contínuas que não podem ser interrompidas.

Os *promotores de salud* surgem no México como uma política pública indigenista executada através do Instituto Nacional Indigenista (INI) no início da década de 1950. Chiapas era considerado um laboratório das políticas indigenistas do Estado mexicano, o que permanece nos dias atuais (Fenner & Palomo, 2008). A partir da criação do Centro Coordenadores Indigenistas se buscou implementar na região um programa federal de desenvolvimento integral nas áreas de saúde, educação, agricultura, dentre outros (Aguirre, 2005). Nesse, foram capacitados os *promotores de salud*, profissionais de saúde das comunidades para trabalharem com prevenção, tratamento e saneamento nas suas comunidades, que substituiriam os promotores mestiços que trabalhavam nas clínicas periféricas. Apesar do discurso de que supostamente a formação dos *promotores de salud* levaria em conta os conhecimentos indígenas, na prática, muitos foram os desencontros que levaram a uma imposição da biomedicina sobre as práticas e saberes indígenas (Lopez Enríquez, 2011).

Levando em conta essa problemática, o movimento zapatista propõe uma nova forma de conceber essa função, adicionando o adjetivo *autónomo*, que traz diversas implicações para sua prática, passando principalmente pela relação com a comunidade a qual pertence. Os zapatistas constroem clínicas autônomas, onde trabalham alguns médicos simpatizantes do movimento e também buscam formar seus próprios promotores de saúde. Estes, como já mencionamos, são escolhidos pelas assembleias comunitárias e nelas discutem as questões da saúde da comunidade. Em um projeto denominado *Las tres áreas*, os promotores são formados em três áreas diferentes que estão intimamente ligados aos saberes dos povos: *parteras* (parteiras), *hierberos* (conhecedor de plantas medicinais) e *hueseros* (trata dos ossos fraturados). A partir dessa valorização dos saberes indígenas, os promotores de saúde trabalham não só com tratamento, mas com prevenção, promoção e educação em saúde, fazendo também alguns trabalhos integrados com as escolas autônomas. Como veremos, grande parte do trabalho dos promotores autônomos de saúde é a atuação com educação popular em saúde.

Destaco, a partir do trabalho de campo, algumas passagens da formação de três *promotores de salud* em uma das comunidades da região de Los Altos de Chiapas. A comunidade é formada por 40 famílias de jovens indígenas tzotzil, todos com menos de 26 anos. A formação foi realizada por promotores de outras comunidades autônomas com alguns anos de experiência de trabalho e por um médico da capital, solidário ao movimento zapatista. A comunidade envolvida é formada predominantemente por jovens que estavam começando uma aproximação mais orgânica com o movimento zapatista. Essa proximidade começou após sofrerem uma remoção forçada de seu antigo território por um grupo de paramilitares, o que levou os membros da comunidade a buscar fortalecer o processo de organização comunitária e, consequentemente, sua aproximação com o movimento zapatista. Um dos aspectos vistos como fundamentais para fortalecer o processo organizativo é a formação de promotores de saúde, pois através desses é possível melhorar o cuidado com a saúde, sem depender de atores externos ligados ao Estado, que, nesse contexto, podem acabar tendo também algum vínculo com a remoção forçada pela qual passou a comunidade.

Na comunidade em questão optou-se por formar três promotores de saúde. Segundo seus próprios membros, desde que sofreram o ataque paramilitar, muitos deles estavam adoecendo e associavam diretamente os problemas de saúde com o problema político pelo qual estavam passando. Ramona, uma jovem da comunidade, contou que desde que eles foram obrigados a deixar sua terra, quase todos da comunidade estão doentes, principalmente, as duas mulheres grávidas. Para ela, a retomada do território era uma das formas de voltar a ter saúde na comunidade.

Ao começar a formação em saúde, os promotores antigos perguntam aos futuros promotores como são as condições da comunidade e quais são as causas das doenças relatadas – principalmente, febre, tosse, dores no corpo e diarreia. Os futuros promotores dizem que não têm uma cozinha e um banheiro em boas condições de uso no novo lugar onde estão, os formadores perguntam quais são os materiais de que dispõem para melhorar as construções e a partir das respostas dão algumas dicas: como cobrir a cozinha para gastar menos lenha, fazer um fogão protegido com madeira para que as companheiras não fiquem tanto tempo abaixadas cozinhando. Toda essa conversa produz uma espécie de diagnóstico comunitário e político que é perpassado por relatos das violências que sofreram dos paramilitares e do sofrimento por estarem longe da terra na qual cresceram.

Depois disso, os promotores antigos perguntam se há parteiras na comunidade ou próximo. Os futuros promotores respondem que não há e que a mais próxima fica a 30 minutos de caminhada. Os antigos promotores sugerem então que peçam para essa parteira ensinar a uma das futuras *promotoras de salud* e acrescentam: "Nossa função é apenas complementar e incentivar os conhecimentos tradicionais de vocês. Os professores de saúde são muitas vezes pessoas que vivem nas proximidades e conhecem os modos de vida daqui. As parteiras sabem qual é a melhor forma de cuidar de uma mulher grávida, por exemplo. É aqui que se pode ter uma relação de confiança com companheiros, com quem entende a língua e a terra de vocês."

Essa fala me marcou bastante e me fez lembrar uma jovem indígena que conheci em uma comunidade próxima que me contou sobre uma doença grave que teve seu marido, quando ficou por dias com os movimentos do lado esquerdo do corpo paralisados. Mesmo com a doença, eles não queriam ir ao hospital. Essa jovem me disse: "Nós, indígenas, temos medo de hospital." Quando comentei sobre isso com um dos antigos promotores, ele me disse que são recorrentes os casos de indígenas que sofreram maus tratos nos hospitais, por não falarem a mesma língua dos médicos, por não compartilharem dos mesmos costumes e que, por isso, existia um temor generalizado em diversas comunidades. Diante da violência que diversos indígenas sofreram nos hospitais, estabelecer uma relação de confiança e que parta da própria perspectiva indígena na atenção à saúde, sem negar o diálogo com outros saberes médicos, parece ser um passo importante na constituição dos promotores de saúde.

Os antigos promotores seguem perguntando se usam plantas medicinais ou se sabem quem as usa, os futuros promotores mencionam algumas e saímos para buscar locais onde podemos encontrá-las. Eles aconselham a aprofundar esses conhecimentos buscando os mais velhos e a lhes perguntar quais plantas usam e por quê. Reforçam também o conselho de evitar medicamentos: "O melhor é não adoecer, buscar combater as causas, pois os medicamentos também causam outras doenças." A orientação é que possam, através da organização comunitária e da recuperação de saberes tradicionais da comunidade, identificar e tratar os problemas de saúde, recorrendo às clínicas autônomas somente em casos mais graves.

Em seguida, os formadores falam das responsabilidades do promotor de saúde: reuniões com a comunidade, seguir a formação, trabalhos educativos, trabalhos que envolvam transformações na mesma (como as mudanças na cozinha que decidiram fazer nos dias seguintes), dentre outras. Reiteram que uma das questões principais é, através da escuta, identificar os problemas da comunidade e discuti-los em assembleia. Falam também como a prevenção é uma questão de todos: se há uma família que não segue certas orientações de prevenção, isso deve ser debatido coletivamente, pois é uma questão que diz respeito a toda a comunidade.

Como as atividades dos promotores são muitas e envolvem questões fundamentais para a vida coletiva, os formadores sugerem que, através da assembleia comunitária, proponham a criação de um Comitê de Saúde. Esse Comitê de Saúde será formado por pelo menos duas pessoas que possam ajudar nas tarefas que envolvem as mudanças na infra-estrutura da comunidade, como construir o local mais adequado para o banheiro, formas de lidar com o lixo, dentre outras.

Percebemos como a organização comunitária permeia todo o trabalho dos *promotores de salud autónomos*: as causas, problemas, possíveis soluções da área de saúde devem ser debatidas nas assembleias, que através da sua auto-organização, o que inclui a própria atuação dos promotores, aponta e executa as ações a serem feitas. Um exemplo disso é a criação do Comitê de Saúde organizado nas assembleias que possibilita essas ações. Os cuidados da saúde não são responsabilidade de um corpo de especialistas afastado da comunidade que detém o conhecimento biomédico – ainda que possam dialogar também com os saberes da medicina ocidental –, tampouco de indivíduos isolados que devem transformar seus hábitos para ter um "estilo de vida saudável", mas da organização comunitária atravessada por forças políticas e também, da relação com um cosmos, uma terra.

No momento de crise sanitária mundial, os zapatistas anunciaram em comunicado no dia 18 de março de 2020, quando a pandemia do coronavírus começava a se espalhar na América Latina, o fechamento dos caracóis e o alerta vermelho em todas as suas comunidades. Além disso, o movimento também aciona todas as estruturas organizacionais mobilizando as comunidades para colocar em prática os cuidados em saúde necessários no momento. Sabemos que as comunidades enfrentam muitos desafios no combate da pandemia: as constantes ofensivas estatais contra as organizações comunitárias que as divide e enfraquece, o grande número de vítimas de "deslocamento forçado" por conta da ação de grupos paramilitares, dentre outros fatores ligados às determinações sociais da pandemia. A esperança está justamente na saúde autônoma e em sua potencialidade de organizar a comunidade para colocar em práticas os cuidados em saúde tão importantes nesse momento.

OBEDECIENDO

EDUCAÇÃO AUTÔNOMA:
UM CAMINHO PARA O *CHANEL*

"Não existem aulas de ch'ulel, é a vida"
(Maria, promotora de educação)

Começávamos mais uma aula de tzotzil. Após alguns instantes em silêncio, um dos educadores perguntou: o que vocês querem aprender hoje? Se tínhamos alguma questão, começávamos por ela, para que, depois, a aula se desenrolasse com intervenções dos educadores e outras perguntas nossas. Se não tínhamos nenhuma questão inicial, algum dos promotores começava um mote que rapidamente se transformava em perguntas para nós. Ou, por vezes, permanecia o silêncio até que tivéssemos uma pergunta. Pairava nas aulas uma sensação de improviso intencional que desembocava em uma conversa constante disparada por perguntas.

Na educação zapatista, os educadores são pessoas das comunidades que, mesmo tendo uma formação contínua em educação autônoma nos espaços do movimento, não perderam sua relação com a terra, pois seguem sendo camponeses. Por isso, me explica Maria, os zapatistas não utilizam o termo promotores de educação. Uma tradução do tzotzil que me foi dada para promotores foi *jnikesvany* que significa a pessoa que move. Os *jnikesvany* de educação movem e promovem a relação com o conhecimento a partir das necessidades que surgem por parte dos alunos e da comunidade. O mesmo ocorre com os promotores de outras áreas de atuação zapatista como a saúde, a comunicação, a agroecologia. Não há uma profissionalização no sentido em que estamos acostumados, baseada na especialização, mas há promotores, indígenas e camponeses, nomeados em assembleias comunitárias que recebem diversas formações de maneira contínua e são responsáveis por *mover* determinadas áreas na vida comunitária.

Os promotores de educação das escolas autônomas, ou de outros projetos educativos, como o Centro de Línguas que aqui abordamos, são nomeados por voto majoritário ou por consenso nas assembleias. Há também uma comissão de educação (igualmente eleita pela comunidade) responsável por orientar e apoiar o trabalho dos promotores. Cada promotor de educação é responsável mediante a coletividade. Ao mesmo tempo, a comunidade também tem suas responsabilidades frente aos promotores: os promotores não recebem salário, mas durante o tempo em que se dedicam às atividades educativas da comunidade, esta deve retribuir diretamente com milho e feijão ou com trabalho coletivo na *milpa* da família do promotor. Isso ocorre para compensar o fato de que, muitas vezes, os promotores não conseguem trabalhar por períodos longos em suas terras, pelo tempo em que estão dedicados às atividades educativas. Além das horas em sala de aula, os promotores de educação devem reservar outro tempo para as formações. Eles recebem uma primeira formação mais longa antes de começar a atuar propriamente em sala de aula e, depois, quando já estão dando aulas, seguem com formações periódicas que incluem encontros com outros educadores da sua escola, região e de seu caracol.

O que os zapatistas chamam de "educação autônoma" foi sempre um grande foco do movimento. A noção de educação vai muito além da escola, já que muitos outros espaços de construção da autonomia do movimento são tidos como princípios educativos (Caldart, 2001). Segundo uma das promotoras de educação, Maria, a "educação verdadeira" é "ensinar sobre a luta, e nossos filhos já nascem na luta, na dinâmica da vida autônoma que mostra que não precisam do governo." Como veremos mais à frente, a "educação verdadeira" passa por processos profundos relacionados às dinâmicas do próprio movimento, como também da vida dos povos. Entretanto, não se pode negar que a criação das "escolas autônomas" foi um passo fundamental para os zapatistas. Talvez mais do que uma simples reprodução dessa instituição de origem ocidental e tantas vezes colonizadora, as "escolas autônomas" signifiquem uma contínua tentativa de subversão da escola para que essa possa servir à "educação verdadeira" e à construção da autonomia.

Se, em 1994, a demanda do movimento era por uma "educação universal e gratuita", esse pleito vai se transformando já durante o período de negociações com o Estado na luta por uma educação diferenciada para os povos indígenas. E, em 1997, com o fim das negociações com o Estado, os zapatistas optam definitivamente pela construção da educação autônoma. O movimento declara:

> En estas condiciones, las comunidades en resistencia tomaron la iniciativa de formar su propia organización educativa, como parte del proceso de construcción de la autonomía. Por eso han resistido las ofertas educativas del gobierno, que ni los toman en cuenta ni resuelven a fondo los problemas (Enlace s.a.:2).

A partir de então, se intensificam as criações das escolas autônomas e, nos anos de 1999 e 2000, o EZLN convoca suas bases de apoio a retirar seus filhos das escolas estatais e a organizar os membros de suas comunidades para participarem da formação de promotores de educação nos colégios primários dos centros municipais rebeldes. Com esse chamado, em diversas comunidades, as escolas estatais vão sendo substituídas pelas escolas autônomas, e em locais onde não existiam escolas, novas escolas zapatistas são construídas através de mutirões. Nesse momento, participavam da formação dos educadores alguns apoiadores simpatizantes não-indígenas, com formação em educação popular e tendências semelhantes, como através do programa *Semilla del Sol* e do grupo *School for Chiapas*, formado por militantes estadunidenses. Esses apoiadores foram sendo progressivamente substituídos e, atualmente, há pouquíssimos não-indígenas que participam das formações, já que os próprios promotores indígenas com mais anos de experiência passaram a ocupar esses espaços.

Para a criação das escolas autônomas, foram realizadas oficinas que envolviam todos os municípios autônomos. As comunidades indicavam seus promotores de educação e foi criada uma comissão de educação. Em um primeiro momento, a instabilidade política e as constantes violências sofridas pelos zapatistas impediam a consolidação de uma estrutura organizativa que pudesse impulsionar de maneira mais sistemática o projeto de educação autônoma (Mora, 2018). Muitas atividades de formação e reuniões foram canceladas por ameaças de operações militares. Quando a situação ficou um pouco mais estável, uma das primeiras tarefas foi desenhar um plano de estudos para as escolas primárias. Em cada comunidade convocaram uma assembleia para discutir as prioridades para a educação autônoma, o primeiro ponto de discussão foi sobre as críticas aos processos educativos vivenciados nas escolas oficiais antes do levante zapatista. A partir dos distintos relatos que versavam sobre os autoritarismos e racismos vivenciados na educação oficial, foi criado um acúmulo coletivo dos acordos necessários para instaurar o sistema autônomo de educação.

Mariana Mora (2018) aponta alguns aspectos comuns desses acordos discutidos em assembleias. Primeiro, a aprendizagem na escola deve vir unida ao que se aprende na comunidade, floresta ou plantação. Por isso, os estudantes não passam todo o tempo nas salas de aula, mas devem participar dos contextos em que se aprende da vida cotidiana e da prática de autonomia. Outro aspecto é que os estudantes não são recipientes vazios que simplesmente recebem conteúdos dos educadores. Não importa a idade, os estudantes são sujeitos de direito na autonomia e podem participar da tomada de decisões sobre o sistema educativo, inclusive participando das assembleias. Por último, as escolas autônomas têm como idioma principal o idioma materno da comunidade e ao longo do processo educativo vão sendo incorporados outros idiomas, como o espanhol.

Cada assembleia municipal discutiu e aprovou os acordos junto da versão final do plano educativo. O processo de discussão inicial das escolas primárias durou mais de um ano entre idas e vindas das assembleias locais até os níveis regionais das autoridades autônomas que sistematizavam as propostas discutidas localmente. Tal acúmulo permitiu definir os conteúdos dos materiais didáticos para as escolas primárias, baseados em um tipo de produção de conhecimento voltado não apenas para os familiares dos estudantes, mas que considera o conjunto das organizações comunitárias.

Ainda que o movimento questione a própria função da instituição escolar entre os povos indígenas, as escolas autônomas ganharam um papel cada vez mais central na construção da autonomia e têm se transformado continuamente nesse processo. As escolas autônomas são experimentos bastante distintos das escolas estatais, a começar pelo fato de não serem vinculadas à Secretaria de Educação Pública (SEP), órgão do poder executivo federal responsável pela educação oficial no país, em todos os níveis. Uma das consequências disso é que as escolas autônomas não oferecem diplomas ou certificados oficiais. Só esse fato já modifica bastante a lógica voltada para o mercado tantas vezes presente no meio escolar, onde os estudantes se formam para conseguir um diploma que os levariam a ter um melhor trabalho (Gutierrez, 2011). No caso das escolas autônomas, ao contrário, o espaço escolar parece ser voltado para fortalecer as organizações comunitárias autônomas. Em muitas das comunidades, as assembleias locais são realizadas nas próprias escolas. Não à toa, as escolas viraram lugar de disputa entre zapatistas e *partidistas*. Há casos recorrentes de ataques às escolas autônomas em comunidades onde há tensões com os *partidistas*. Um caso emblemático de ataque à escola foi aquele que ocasionou o assassinato do promotor de educação Galeano no caracol *La Realidad*, em 2014.

Não foram poucas as reações à criação das escolas autônomas. Como já mencionamos, uma das maiores políticas de contra-insurgência conduzida pelo Estado, além do incentivo a grupos *partidistas* e paramilitares, é justamente o investimento em políticas assistenciais, e a educação não ficou de fora dessa investida. A partir de 1997, mesmo ano do fim das negociações com o zapatismo, os governos federais e estaduais aumentaram muito o investimento em políticas assistencialistas dentro do âmbito dos programas compensatórios (promovidos com o apoio do Banco Mundial). Os governos criaram bolsas para os alunos indígenas através do Programa de Educación, Salud y Alimentación (PROGRESA), assim como intensificaram outros programas de bolsas pré-existentes, que mais tarde ganhou o nome de Programa Oportunidades. Também ocorreu a expansão de programas de "merenda escolares", que fornece alimentos industrializados para os alunos no início da jornada escolar (Gutierrez, 2006). Houve ainda a criação de escolas estatais com infraestruturas novas e reformadas em diversos locais próximos às escolas autônomas. Um caso desse tipo ocorreu no caracol de Oventik. Depois da construção da escola autônoma secundária no local, uma das maiores da região, o Estado construiu bem em frente aos limites do caracol uma nova escola secundária com uma infraestrutura completamente nova.

Figura 8: Escola Secundária estatal construída de frente para os limites do caracol (parte mais arborizada).

Figura 9: Escola estatal vista de dentro do caracol de Oventik.

Em estudo realizado por Bruno Baronnet (2012) a partir da comparação entre as escolas estatais e as escolas autônomas em Chiapas, podemos identificar algumas distinções interessantes. A primeira delas é que, diferentemente do que ocorre nas escolas estatais e privadas, nas escolas autônomas não há pessoas externas às comunidades que as gerem. São os próprios membros indígenas, muitos deles pais dos alunos, que participam e gerem diretamente o funcionamento da escola. Disso decorre que o currículo e o calendário são discutidos e organizados pelas assembleias locais. Há, então, uma flexibilidade muito maior do que nas escolas estatais, pois as escolas autônomas podem se adaptar melhor aos ritmos do calendário agrícola, assim como à vida política e religiosa. Nas palavras dos próprios comunicados do movimento:

> La escuela que deseamos no puede ser una institución ajena a la comunidad, a la cual da servicio; debe ser más bien, parte integral de la comunidad, debe pertenecer a ella en sentido pleno. Ello conlleva la participación de la comunidad en la concepción de la escuela, en las decisiones que atañen al conjunto del proceso formativo (desde los contenidos y las formas de la enseñanza, las cuestiones operativas –horarios, calendarios, recursos–, hasta el sentido de la escuela en tanto espacio de generación de saberes colectivos). La escuela tendrá que subordinarse a

> la decisión del colectivo al cual pertenece, es decir, a la comunidad (Enlace s.a.: 8-9).

Como já aludimos, os educadores zapatistas são eles mesmos membros das comunidades. Essa é uma distinção bastante relevante em relação às escolas estatais e privadas, nas quais grande parte dos professores são mestiços de origem urbana que não falam nenhuma língua indígena, só o castelhano. Alguns zapatistas mais velhos que conheci, que têm como primeira língua alguma das línguas mayas, relataram péssimas experiências nas escolas estatais. Eles contam que frequentaram por anos a escola sem compreender o que os professores *hispanohablantes* diziam, e que a escola sempre foi um espaço vazio de sentido, onde se sentiam oprimidos por serem indígenas. Nas palavras de um dos promotores zapatistas: "Lá [nas escolas estatais] a gente já não é livre. Ninguém se preocupa com nossos problemas e desejos. Isso é um problema que temos que enfrentar. As escolas de cima e as outras instituições de cima não existem para engrandecer o *ch'ulel*, é uma forma de *desch'ulelización*." As escolas criadas pelo Estado, ainda que estejam sendo construídas dentro do modelo chamado "'bilíngue-bicultural", recebem muitas críticas por parte do zapatismo e de outros movimentos indígenas, que denunciam seu projeto assimilacionista (Gutierrez, 2011) e distanciado da vida indígena.[42] Essa crítica recorrente às escolas estatais na região fica explicitada no seguinte trecho:

> Los profesores intentan imponerles a los niños y niñas la lengua castellana, diciendo que nuestras lenguas ya no sirven, que ya pasó su tiempo, que ya no están en uso.

42. Segundo Raul Gutiérrez, o modelo bilingue-bicultural mesmo com variações foi o modelo dominante nas escolas estatais de Chiapas sempre atravessadas por um viés assimilacionista: "Aunque con un sin número de etiquetas: asimilación, incorporación, integración, aculturación, bilingüe o bilingüe-bicultural, y los cambios de forma, que las han justificado; la educación indígena en México no había experimentado realmente, al menos al nivel de la práctica, cambios de fondo; sino más bien, había ido modificando su discurso, adaptándolo a las circunstancias políticas y académicas coyunturales y a las formas de resistencia de los pueblos indígenas (que durante muchos años se negaron a enviar a sus hijos a la escuela), pero sin abandonar realmente sus pretensiones —ortodoxamente liberales— asimilacionistas y de homogeneización cultura." (Gutierrez, 2005, p. 93)

> Muchos ni siquiera transmiten la instrucción que deberían impartir. Otros, hacen juicio sobre los usos y costumbres de las comunidades, con lo que confunden a los niños y niñas; ignoran a los ancianos, a los padres y madres (...). Sentimos que nuestros hijos, en lugar de ser educados, están perdiendo tiempo y luego ya no saben hacer los trabajos de la comunidad. Lo más grave es que los gobiernos han utilizado los sistemas educativos como formas de penetración y devaluación de las culturas y, en muchos casos como instrumentos de control político (Foro Nacional Indigena, Resolutivos de la Mesa 6 "Promoción y desarrollo de las culturas indígenas" apud Baronnet, 2012, p. 100).

Diante dessa realidade, ter educadores que fazem parte da comunidade e uma proposta educativa construída em conjunto é uma grande transformação. Outra questão interessante das escolas autônomas é que grande parte dos promotores são jovens que têm um grande envolvimento com a militância no movimento. Como conta Lupita, são jovens "que estão interessados em discutir a vida indígena com os mais velhos a partir das novas questões da luta".

A definição dos conteúdos próprios para aprendizagem teria três vertentes principais: a revalorização dos saberes locais, a discussão a partir dos conhecimentos advindos de fora das comunidades e a reflexão quanto ao desejado, o útil e o necessário (Enlace s.a.: 7). A ideia então seria valorizar os saberes indígenas, ao mesmo tempo em que se apropriam de conhecimentos outros, de acordo com o que seja considerado necessário para a própria autonomia.

Alguns autores que se debruçaram sobre o tema das concepções pedagógicas das escolas zapatistas as definem como uma apropriação das ideias de Paulo Freire e dos movimentos de educação popular com ênfase na valorização do modo de vida indígena (Dos Santos, 2008), ou ainda um misto das ideias de Paulo Freire com ideais multiculturais (Gutierrez, 2006). É inegável a influência da obra de Paulo Freire e da educação popular nas práticas da teologia da libertação e nos diferentes movimentos sociais da América Latina, o que inclui o próprio zapatismo. No entanto, a educação zapatista parece fazer uma "devoração" da educação popular, para usar uma metáfora antropofágica, a partir dos próprios termos da "imaginação conceitual" indígena, trazendo contribuições para pensarmos a autonomia.

Diferentemente de outras epistemologias educacionais, a educação popular não tem um único "guia de pensamento", pessoa líder, ou coletivo proeminente. Ainda que Paulo Freire seja um "companheiro das primeiras ideias e práticas", uma referência autoral que desenvolveu um repertório de princípios, preceitos e práticas pedagógicas, a educação popular emergiu a partir de uma interação aberta e dialógica de pessoas e de seus coletivos (Brandão & Vasconcelos, 2021). Tudo se passa entre educadores e coletivos que compõem uma "pluri-comunidade político-pedagógica". Esta abertura é bastante profícua para pensar em termos cosmopolíticos. No entanto, existiria uma continuidade que marca tal corrente educacional: o entrelaçamento entre diferentes tipos de humanismos. Nas palavras de Carlos Brandão, a continuidade fecunda na educação popular se dá entre:

> (...) humanistas laicos/as (como o próprio Freire), humanistas cristãos/ãs (como vários companheiros/as de equipe de Paulo no Nordeste, no Chile, e no exílio na Europa), e humanistas marxistas, criadores/as inclusive de variantes do marxismo de origem e vocação latinoamericana. Lembremos que as palavras: "homem", "humano", "humanismo" e "humanista" povoarão páginas e páginas da "Pedagogia do Oprimido" e de outros livros de Paulo Freire, como portas de entrada e vias de saída de toda a sua pedagogia (Brandão, 2021, p. 18).

Em uma perspectiva cosmopolítica, os humanismos que atravessam a educação popular são deslocados pelas teorias dos educadores zapatistas para quem as relações entre humanos consistem em apenas uma das relações dentre a rede de relações fundada por seres humanos e não-humanos. Nesse sentido, a própria noção de autonomia ganha uma conotação distinta.

Sabemos que a autonomia é um tema caro para os debates pedagógicos e para a própria educação popular. Paulo Freire afirma que um saber necessário à prática educativa é o respeito à autonomia do ser do educando: "Esse é um imperativo ético e não um favor que devemos conceber uns aos outros." (2011, p. 58) A pedagogia da autonomia, segundo o autor, deve escapar das "alternativas infernais" entre o professor autoritário e o professor licencioso. A dialogicidade verdadeira se dá quando os sujeitos dialógicos aprendem e crescem na diferença, o que também passa por romper com qualquer discriminação, machista, racista ou classista. A ênfase no diálogo, na diferença e no combate às opressões são um ponto de encontro entre a pedagogia da autonomia freireana e a autonomia zapatista. Outra convergência é a noção defendida por Freire de que "ninguém é autônomo primeiro para decidir depois." Também nas comunidades zapatistas vemos que a autonomia não é um princípio abstrato fundado em uma declaração, mas se faz nas escolhas cotidianas das comunidades.

A autonomia defendida por Paulo Freire não pode ser tutelada, mas tampouco é um evento automatizado, pois passa por um processo marcado por experiências respeitosas de liberdade. Nas palavras do autor:

> Ninguém é sujeito da autonomia de ninguém. Por outro lado, ninguém amadurece de repente, aos vinte e cinco anos. A gente vai amadurecendo todo dia, ou não. A autonomia, enquanto amadurecimento do ser para si, é processo, é vir a ser. Não ocorre em data marcada. É neste sentido que uma pedagogia da autonomia tem de estar centrada em experiências estimuladoras da decisão e da responsabilidade, vale dizer, em experiências respeitosas de liberdade (Freire, 2011, p. 105).

Se os zapatistas também percebem a autonomia com um processo construído "lento, pero avanzo", para usar uma expressão do movimento, em que as decisões e responsabilidades dos sujeitos envolvidos na luta são fundamentais, o movimento acrescenta uma dimensão essencial: o *ch'ulel* (espírito). O amadurecimento que possibilita a construção da autonomia se dá a partir do *ch'ulel*, que pode se enfraquecer ou expandir a depender da rede de relações criadas. O *ch'ulel* tampouco é atributo unicamente humano, mas atravessa animais, objetos, montanhas, rios. A autonomia e as práticas de educação autônoma a partir da perspectiva zapatista só são possíveis nas relações que se constroem entre os mais diversos seres. Tais questões são levantadas pelos promotores de educação nos mais diversos espaços educativos, passemos a eles.

O CENTRO DE ESPANHOL E LÍNGUAS MAYAS REBELDE AUTÔNOMO ZAPATISTA

Figura 10: Porta de uma das salas do CELMRAZ.

O espaço educativo mais importante para minha experiência enquanto aluna do zapatismo foi o Centro de Español y Lenguas Mayas Rebelde Autónomo Zapatista (CELMRAZ) localizado no caracol de Oventik, na região dos Altos de Chiapas. O Centro é um curso de espanhol e tzotzil organizado por promotores de educação zapatistas e voltado para alunos não-zapatistas. O CELMRAZ faz parte do Sistema Educativo Rebelde Autónomo Zapatista de Liberación Nacional (SERAZLN) e surgiu no ano de 2000 junto à Escola Secundária Rebelde Autónoma (ESRA). Os seus organizadores dizem que é uma espécie de departamento "internacional" da escola secundária.

Durante o tempo do curso os alunos dormem em um alojamento dentro do caracol de Oventik. Os caracóis são espaços de encontro do zapatismo com outros povos do mundo. O caracol (*to't*) tem esse nome porque é um espiral. É uma maneira de dizer que não há princípio nem fim, pois é um espaço aberto para muitas formas de viver diferentes. Para os mais velhos, a palavra *to't* significa que vão comunicar algo para muita gente. Os caracóis são espaços de relação dos zapatistas com outras pessoas, movimentos, países. Rocío Noemi aponta como a ideia do caracol é convocadora e está relacionada com a fusão de distintas realidades presentes nos rituais indígenas:

> O caracol é, portanto, uma ressonância não somente do tempo, mas também de um som que as pessoas reconhecem e sabem que algo importante as chama. Os chamados dos rituais indígenas se fazem com os *Ok'es* – assim se chama a concha do mar. E quer dizer guincho dos animais. É o antigo guincho do canto do jaguar, mas também o canto dos pássaros. É uma fusão de realidades distintas, de mundos diversos que compõem a diversidade da natureza maia nesse canto. (...) É muito significativo que "caracol" seja o nome dos espaços que são aglutinadores do mundo externo às comunidades indígenas, mas que o zapatismo também chama para a luta (Baschêt & Noemi, 2021, p. 54).

Em um movimento contínuo entre o fora e o dentro, os caracóis são espaços fundamentais para o zapatismo e exigem toda uma organização para o seu funcionamento. As famílias zapatistas não vivem nos caracóis, mas se revezam por turnos para realizar determinadas atividades ali. Essas famílias têm, então, uma casa na sua comunidade de origem e uma casa ou alojamento no caracol, onde ficam o tempo necessário, semanas ou meses, para cumprir seu cargo (seja de autoridade autônoma nas *Juntas de Buen Gobierno*, promotor de educação ou saúde, ou em uma cooperativa).

Um dos propósitos do Centro de Línguas é dar seguimento à proposta do caracol: realizar uma abertura, construir um diálogo com o fora, com outros movimentos e povos. Como já foi mencionado, o primeiro momento do curso, sua apresentação, começa justamente explicando em qual lugar estamos. Assim, diz Emiliano: "Agora vamos falar sobre onde estamos no planeta Terra. O caracol é um espaço coletivo, um lugar de encontros de diferentes povos. Aqui tem projetos de educação, saúde, agroecologia, cooperativa de mulheres e muitas outras atividades... Há sete cidades autônomas próximas àquele caracol. (...) Agora já sabemos em que parte do planeta estamos: um caracol construído pelos povos em luta." Os caracóis são espaços muito vivos e importantes para o movimento zapatista.

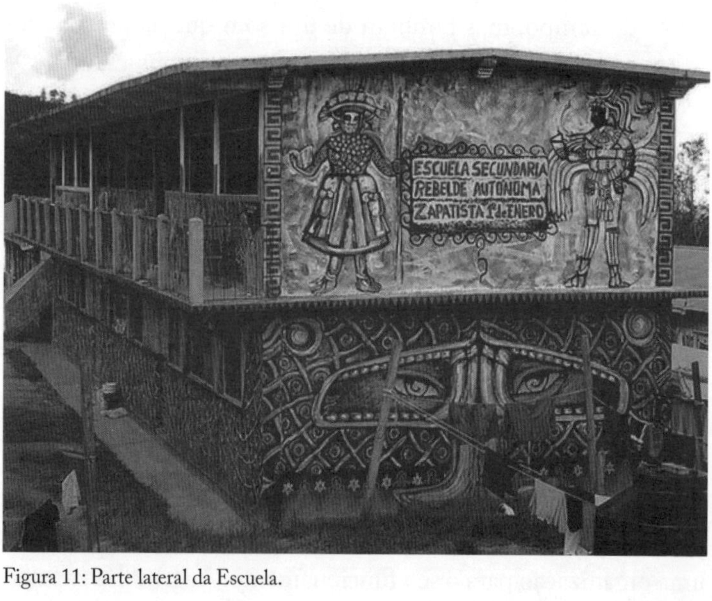

Figura 11: Parte lateral da Escuela.

As aulas são dadas pelos promotores autônomos de educação, todos bilíngues, falantes de tzotzil e castelhano, que vivem nas comunidades próximas ao caracol. Considerando a grande variedade da língua falada em diferentes regiões de Chiapas, os educadores explicam que o tzotzil ensinado no Centro é aquele falado no município autônomo de San Andrés.

Segundo os promotores, as aulas não se baseiam em uma metodologia fechada, mas no próprio caminhar que vai se construindo no decorrer dos dias. Os educadores zapatistas sempre começam as aulas questionando sobre quais perguntas temos a fazer, o que queremos aprender e, por mais que tenham sugestões, não partem de uma aula já anteriormente definida. O promotor Emiliano explica um pouco mais sobre a proposta pedagógica do Centro, "para nós, a pedagogia é integral, não podemos pensar o ensino sem a produção de alimentos, sem aprender a cultivar a terra, que é fundamental para a autonomia. É fundamental a produção dos nossos próprios alimentos, pois não queremos comer o alimento cheio de tóxicos. Então, quando ensinamos *tzotzil*, pensamos nisso também." Por isso, a importância de fazer tanto aulas mais práticas, como na *milpa*, quanto aulas mais teóricas, sobre os conceitos da língua. Ele continua, reiterando o sentido do que é ser *promotor de educação*: "E vamos ensinando a partir das necessidades que aparecem, às vezes soa um pouco improvisado, mas sempre partimos da comunicação e da construção coletiva, pois estamos construindo juntos. É importante lembrar que não somos profissionais, professores, somos promotores." Lupita também comenta: "Vamos falar de autonomia, aqui somos coletivos, somos todos promotores e somos todos alunos, não tem que ter dependência do professor."

Os educadores buscam a todo o momento enfatizar o fato de educadores e educandos formarem um coletivo e também do próprio Centro se organizar através dos coletivos. Há coletivos de alimentação, de aulas, de limpeza. E os educadores se revezam nas diferentes funções necessárias para manter o Centro.

Figura 12: Refeitório dos alunos do CELMRAZ no caracol de Oventik em 2018.

Foi no CELMRAZ que conheci de maneira mais próxima os quatro educadores que são interlocutores importantes para estes escritos. A convivência com Maria, Emiliano, Lupita e Paloma foi bastante intensa; o espaço do CELMRAZ possibilitava diálogo e proximidade com os promotores tantas vezes silenciosos e reservados. Diferente de muitos indígenas do movimento, os educadores com quem convivi não são católicos e, como veremos, diferenciam bastante seus deuses dos Deus católico. Quase todos eles, por estarem em um período em que as escolas autônomas ainda estavam se desenvolvendo, passaram por escolas do "mau governo". A não ser Lupita, a promotora mais nova, que estudou em escola autônoma toda a sua vida.

Os educadores fazem periódicas reuniões de formação e preparação, onde discutem em conjunto os distintos conceitos, pensamentos e estratégias para as aulas. Eles estudam também diversos autores euro-americanos, seja da esquerda mais clássica, seja da contemporânea... Quando encontrei com Emiliano pela última vez, ele lia o livro novo de John Holloway, chamado *Contra o dinheiro*. Mas os promotores também insistem que não basta ler livros; os conceitos que eles discutem vêm sobretudo de sua reflexão sobre a vida dos povos. Esses conceitos nos dão indícios de uma "contra-antropologia"[43] do capitalismo, da vida dos bran-

43. A noção de contra-antropologia poderá ser pensada em um sentido próximo da proposta

cos *(kaxlans)* nas cidades, como também são um discurso sobre o lugar, pois seus enunciadores sabem qual é, onde é, o que é o seu *lugar*[44] – voltaremos a esse ponto. O caráter altamente filosófico dos educadores zapatistas não foi em nada exagerado. Ele é próprio das aulas no Centro, onde tive o privilégio de compartilhar esses pensamentos cheios de vida. É preciso levar em conta que os conceitos aqui debatidos estão permeados por traduções e sistematizações minhas, assim como por traduções propostas pelos próprios educadores: do tzotzil para o castelhano, da vida dos povos para sala de aula.

Figura 13: Sala de aula do Centro de Línguas.

por Eduardo Viveiros de Castro no prefácio de A queda do céu: "Albert fala em uma "contra-antropologia histórica do mundo dos brancos" contida na narrativa de Davi, em sentido talvez análogo àquele que proponho em Métaphysiques cannibales, quando caracterizo o perspectivismo indígena como uma "contra-antropologia multinaturalista" (Viveiros de Castro, 2009, p 61).

44. Como aponta Eduardo Viveiros de Castro, no prefácio de A queda do céu, sobre Davi Kopenawa, poderíamos dizer que os saberes dos promotores de educação são um discurso sobre o lugar, pois são "ideias que constituem, antes de mais nada, uma teoria global do lugar, gerada localmente pelos povos indígenas, no sentido concreto e etimológico desta última palavra. Uma teoria sobre o que é estar em seu lugar, no mundo como casa, abrigo e ambiente, oikos (...)" (p. 23, 2015).

AS ESCOLAS COMO EXPERIMENTOS

Pude conhecer de maneira mais próxima a Escola Primária Emiliano Zapata. A escola foi construída em uma comunidade de terras recuperadas com o levante de 1994, localizada no caracol de Morelia. Inicialmente, toda a comunidade era zapatista; hoje em dia suas setenta famílias estão completamente divididas entre zapatistas e *partidistas*. Os zapatistas decidiram construir a escola autônoma em 2010, através do sistema de mutirão. Um dos educadores zapatistas conta que alguns *partidistas* sentiram a construção da escola como uma afronta a eles, tendo intensificado as provocações e agressões, pois a escola autônoma era sinônimo de força e organização do movimento.

Figura 14: Escuela Autônoma Emiliano Zapata.

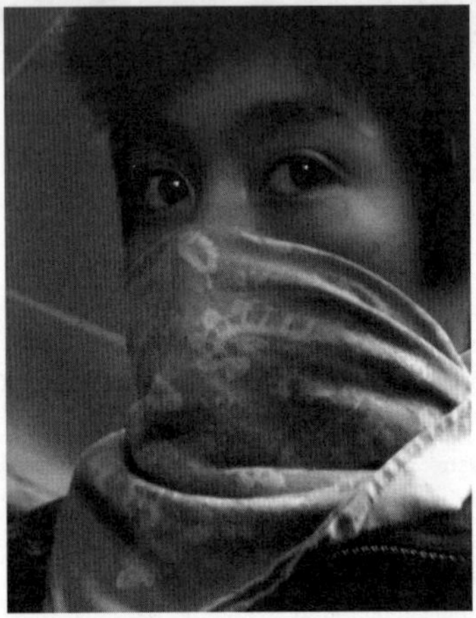

Figura 15: Estudante zapatista.

As conversas com diferentes promotores de educação, assim como a vivência na *Escuela Emiliano Zapata,* indicam que as escolas autônomas são espaços que estão em experimentação inicial. Elas seguem uma orientação pedagógica vinculada aos sete princípios do movimento zapatista, ao mesmo tempo em que mostram uma abertura muito grande para que os educadores proponham seus próprios métodos e caminhos. Por um lado, isso faz com que os promotores acabem por repetir um certo tradicionalismo herdado das próprias escolas estatais, já que suas experiências escolares se deram principalmente nelas. Assim vemos a configuração espacial da escola e alguns métodos utilizados em sala de aula como ditados, e certos tipos de aulas expositivas repetirem as tradicionais práticas dessas escolas.

Figura 16: Interior de uma das escolas zapatistas que conheci localizada no caracol Roberto Barrios.

Os promotores têm toda clareza da sua proximidade com as escolas tradicionais, mesmo que estejam justamente engajados na tentativa de superá-la. Um dos educadores comenta: "Na educação autônoma, temos um sonho de recuperar o *ch'ulel*, mesmo que ainda seja muito próximo a uma escola tradicional, com sala de aula, quadro negro. Muitas vezes, os povos se apropriam das coisas de cima à sua maneira para se libertarem." O promotor reconhece as limitações da escola, mas, por outro lado, também entende que essa apropriação da escola, enquanto "coisa de cima", pode possibilitar sua libertação. É nesse sentido que as "escolas autônomas" também propiciam experimentações. Experimentações que se fortalecem pelo espaço que se abre para a própria intervenção coletiva: nas decisões tomadas em assembleia que gere o funcionamento da escola, na possibilidade de sair e voltar da sala de aula, ocupar o gramado, falar a própria língua, conversar com os colegas, contar com um educador da própria comunidade. Assim, mesmo a educação escolar não se foca necessariamente no único espaço da escola: como já mencionamos, o movimento e a comunidade também são espaços educativos fundamentais; é impossível pensar as escolas autônomas sem eles.

Em diversos espaços educativos zapatistas, ouvi menção à noção de "desescolarização"[45] defendida por Ivan Illich (2007) que se contrapõe ao processo de escolarização que divide a escola do mundo[46] em prol de uma educação integrada à vida coletiva e comunitária. Na educação autônoma, a instituição escolar não deixa de ser importante, mas a comunidade parece ser o início e o fim dos processos educativos. Desse modo, as escolas autônomas são marcadas por questionamentos e experimentações em relação à instituição escolar, o que segue toda uma tendência das perspectivas educativas libertárias (Gallo, 2007). É preciso diferenciar, entretanto, tais questionamentos e as próprias escolas autônomas da proposta de educação domiciliar (*homeschooling*), atualmente defendida pelas forças conservadoras no Brasil.[47]

---

45. Segundo Ivan Illich a "escolarização" produziria a própria pobreza em um processo que vincula uma maioria à escola tendo como base a inferioridade e impotência dessa maioria pela confiança extrema nas instituições: "Tendo uma sociedade transformado as necessidades básicas em demandas por mercadorias cientificamente produzidas, define-se a pobreza por padrões que os tecnocratas podem mudar ao bel-prazer. (...) A crescente confiança nos cuidados institucionais adiciona nova dimensão à sua impotência: impotência psicológica, incapacidade de defender-se" (Illich, 2007, p. 13).

46. Sobre isso, diz o autor: "A simples existência da escolaridade obrigatória divide, qualquer sociedade em dois campos: certos períodos de tempo, processos, serviços e profissões são 'acadêmicos' ou 'pedagógicos' outros não. O poder de a escola dividir a realidade social não tem limites: a educação torna-se não-do-mundo e o mundo torna-se não-educativo" (Illich, 2007, p. 28).

47. O projeto de educação domiciliar no Brasil anunciado pelo governo de Jair Bolsonaro como uma de suas medidas prioritárias no campo da educação se baseia na ideia de que a educação

Se, à primeira vista, podemos imaginar alguma semelhança entre a educação zapatista e a educação domiciliar, pelo seu caráter supostamente antiestatal e antiescolar, na realidade, tais propostas são antagônicas. O discurso supostamente "anti-ideológico" colocado pelos defensores da educação domiciliar apoia-se na ideologia do pensamento cristão-conservador, ainda que travestida de um viés técnico. A educação domiciliar é uma proposta ultraprivatista, em que a educação é tratada como decisão única e exclusiva da família, sem passar por nenhum tipo de rede coletiva ou acolhimento para crianças e adolescentes:

> (...) a educação libertária defende o fim do Estado em prol da auto-organização das classes populares, compreendendo que esta só pode vir junto do fim da propriedade privada. A educação domiciliar esvazia justamente o aspecto mais coletivo da educação, impossibilitando a socialização e reduzindo a educação a transmissão de conteúdos (Morel & Almeida, 2021, p. 129).

Em um sentido oposto à educação domiciliar, as escolas zapatistas buscam justamente expandir o aspecto mais coletivo da educação na sua relação direta não com a família, como ente intocável da lógica liberal e ultraconservadora, mas na relação com as diversas famílias que compõem o coletivo autônomo. A escola autônoma é uma continuação e complemento da vida comunitária: "Mas é preciso lembrar que a base do *chanel* para nós vem desde criança, nas famílias, onde muitos não sabem escrever. A escola é um complemento depois de aprender na nossa comunidade, complementamos na escola. E depois da escola, se regressa ao povoado para trabalhar", conta um dos educadores. A "educação verdadeira" começa na família, passa pela escola e, depois dela os estudantes voltam à sua comunidade.

---

da família pode substituir a educação escolar. Como não existe legislação que regulamente a prática, o governo criou um projeto de lei (PL 2401/2019) cuja discussão está sendo encampada pelo Ministério da Mulher, da Família e dos Direitos Humanos (Morel & Almeida, 2021).

1.1. *CHANEL*, A EDUCAÇÃO VERDADEIRA

Chanel em tzotzil poderia ser traduzido como "aprender" ou "conhecer", ou, mais que isso, observa Emiliano depois de pensar um pouco, como uma "realização". *Chanu'm tarbail* poderia ser traduzido como educação, aprendizado, conhecimento. Mas, reitera Paloma, essa palavra é um pouco diferente do que pensam os *kaxlans* sobre educação, e é diferente do que é vivido nas escolas estatais e privadas, tidas pelos zapatistas como escolas dos *kaxlans*: "Eu estudei na escola do governo e quase não encontrei o *chanel*. A educação dos de cima é pensada de cima, ninguém pergunta o que queremos aprender, quais são as nossas necessidades, então não podemos chamar isso de *chanel*." O *chanel* é a educação verdadeira, a educação de um povo de um lugar, que os educadores definem como conhecer junto, entre humanos, mas também aprender com as formigas, os insetos, a água. *Chanel* é a dinâmica de aprender com o todo, diz Lupita. O *chanel* possibilita *p'iju'mtasel,* que é algo como "preparar-se para viver no mundo", mas através de um viver real, em comunidade.

Essas são algumas as definições possíveis para o conceito de educação verdadeira. E a educação autônoma posta em prática caminha para a educação verdadeira. Segundo Bruno Baronnet, a educação verdadeira seria a possibilidade de "responder a sus demandas y problemas cotidianos, en términos, de aprendizaje de contenidos colectivamente valorizados, verificables de manera pragmática por los padres y abuelos" (2012, p. 23). Nessa definição do autor, a educação verdadeira está diretamente ligada aos conhecimentos tidos como necessários para a comunidade, formada por pais e avós. O autor continua: "Esos últimos [padres y abuelos], muchas veces analfabetos, se muestran a menudo entusiastas en torno a los planteamientos de la educación autónoma, porque representan a sus ojos, la posibilidad de revitalizar la lengua y la cultura popular" (ibidem). De fato, a escola autônoma, como já mencionamos, é um espaço de revitalização da língua e dos saberes dos povos, assim como um espaço voltado para atender às demandas e questões da comunidade. Mas, poderíamos dizer que o conceito de educação verdadeira está ainda mais entranhado na cosmopolítica dos povos, entrelaçado com a possibilidade de aprender com humanos e não-humanos, com uma educação muito distinta da educação dos *kaxlans* (brancos).

Sobre isso, conta Maria, mencionando a separação entre o corpo e a mente típica da educação *kaxlans*: "Quando os *kaxlans* chegaram disseram que não tínhamos educação e começaram a nos ensinar a aprender apenas com a cabeça, fizeram uma separação entre o corpo e a cabeça." De maneira distinta, a educação verdadeira não está vinculada só com a cabeça e não a separa do resto da vida, mas está *junto* da vida. Maria continua: "Antes, já existia a educação, mas estava junto com a vida, o *chanel* é aprender sem o livro e sem a cabeça, mas com a comunidade e com a terra." Como vemos, a educação verdadeira não é algo à parte da vida cotidiana, mas intrínseca a ela. Segue Maria: "Sem professor e sem escola, é um processo de matrimônio com a natureza, de confirmar que estamos vivos, engrandecer o *ch'ulel*." A educação verdadeira, então, tem um sentido profundo ligado ao próprio engrandecimento do *ch'ulel* (espírito) – que abordaremos melhor à frente – e a uma relação vital com a natureza.

Figura 17: Imagem pintada no caracol.

Nesse sentido, é interessante como o processo da educação autônoma baseada na valorização dos saberes indígenas leva a questionar a própria centralidade das escolas. Emiliano menciona uma conversa com seus pais que lhe contaram que nunca foram à escola e que por isso se sentiam como animais. Ele respondeu a eles: "Muitos que vão à escola esquecem... esquecem da comunidade e só pensam no dinheiro. Vocês não, vocês são os melhores professores possíveis." O promotor reconhece a separação que a escola causa em relação à comunidade, aos saberes dos mais velhos e, nesse sentido, reconhece os próprios limites atuais das escolas autônomas. Para ele, como essas escolas autônomas estão só começando, ainda estão muito perto das escolas dos *kaxlans*. E, mais do que isso, a escola autônoma deve ser considerada como apenas uma das pontes para se chegar à educação verdadeira.

Sem idealizações da vida que levam, inclusive dentro do zapatismo, Maria reconhece, então, os efeitos do capitalismo e da colonização para o *chanel* e os desafios que o zapatismo deve enfrentar diante disso na construção da educação autônoma. Em outra ocasião, diz Lupita: "Perdemos um pouco do *chanel*, perdemos esse dom de ver as coisas, já não ouvimos mais o mundo." O capitalismo e a colonização tiram dos povos a capacidade de ver e escutar, impondo uma forma de ver e escutar que não é verdadeira, quer dizer, que não é dos povos. Recuperar essa capacidade é uma das formas de engrandecer o *ch'ulel* possibilitada pela educação verdadeira. Nas palavras de Lupita: "Isso é recuperar o *ch'ulel*. Essa é a coisa bonita que o *chanel* nos dá. É uma dinâmica muito horizontal, pois numa comunidade ninguém se diz o professor. Quando alguém sabe algo, não diz que é o mais esperto, mas sabe que tem um compromisso com os outros." A educação verdadeira não busca destacar um indivíduo, mas é uma dinâmica horizontal.

Como já abordamos, é importante ressaltar também que essa dinâmica não diz respeito apenas aos humanos, mas atravessa toda uma rede que inclui humanos e não humanos. Emiliano explica que o termo *chanu'm tarbail* pode ser traduzido por relação recíproca entre a comunidade, mas também entre a terra, as montanhas e até o sol e a lua. Ele dá um exemplo prático de como funciona o processo educativo entre os diversos seres: se alguém quer aprender a plantar uma árvore não basta levar em consideração apenas o que aquela pessoa pensa isoladamente, mas é preciso conhecer a terra e avaliar como está a lua, dependendo de se querer que a árvore dê frutos grandes ou não. Pois, diz Emiliano, o *chanel* leva em conta que tudo está em relação, em rede. Em uma de suas sentenças sobre a beleza do mundo afirma: "Esse é um *chanel* muito velho, para poder viver nesse mundo lindo."

Para o *chanel* também é necessário ter seu próprio tempo e seguir o tempo dos outros seres do mundo, o que muitas vezes não é possível no capitalismo. É preciso seguir o tempo da terra para aprender a plantar, por exemplo. O ritmo da educação verdadeira parece inconciliável com as exigências de tempo do mundo capitalista, apontam os promotores.

Figura 18: Crianças zapatistas brincando no caracol de Oventik.

Outra característica do *chanel* é que ele só funciona quando "você se entrega por completo". Nas palavras de Paloma: "Não só com a cabeça e com o coração, mas com todo o corpo, com as mãos, os pés. O *chanel* não separa a teoria e a prática, mas busca ser os dois ao mesmo tempo, é uma entrega completa. O que é completamente diferente das antigas experiências escolares dos promotores mais velhos:"Na minha experiência na escola do mau governo, quanto mais sábio você parece, mais você se separa dos demais."Os educadores se questionam recorrentemente sobre as consequências desse tipo de educação, que separa as pessoas das suas relações com a comunidade, com o mundo de maneira geral e com os próprios saberes gerados nessas relações: "E o que resta de nós depois da escola? E o que seria de nós sem a terra, a comunidade? Essas são as nossas bases, como a raiz de uma árvore. Muitas vezes, quanto mais educação temos, mais somos vítimas do capitalismo, mais deixamos de ser o que somos. "Não deveria ser assim."

Uma das formas de educação vinda dos *kaxlans* é designada pela expressão: *chan vun*. Essa palavra nova que aparece, "*vun*", significa livro, papel, folha; a expressão significa, "aprender com o livro". Essa forma de educação não é completamente sinônimo de educação dos "de cima", pois ela, assim como a escola (à qual está fortemente vinculada), também pode ser apropriada pelos próprios zapatistas. Os promotores definem: "O zapatismo chama isso [*chan vun*] de teorização, exige muito da cabeça. É uma forma de nomear os conhecimentos acadêmicos." Esse tipo de conhecimento tem seu lado bonito e pode acrescentar à própria luta zapatista, como vimos em diversos espaços de debates teóricos, como o *Seminário do Pensamento Crítico à Hidra Capitalista.* Mas, dependendo de como é posto em prática, também pode ir negando a primeira palavra, o *chan*, o que é sempre decorrência de um processo de separação da comunidade, já mencionado, algo que pode ocorrer. Sob esse aspecto, o *chan vun* poderia ser aproximado do "esquecimento" de que fala Davi Kopenawa (2015) provocado pelo excesso de dependência do que vai desenhado nas peles de imagens feitas de árvores mortas.

Após essas constatações, nos perguntamos se podemos extrair alguma pedagogia zapatista das práticas e conceitos de educação verdadeira e educação autônoma. Os educadores me explicam que não existe uma palavra para "pedagogia" em *bats'i k'op*. Lupita explica que se há uma pedagogia zapatistas ela estaria relacionada a uma das frases mais importantes entre os povos era:

Kalal chi xanave skan to jaktik, na tradução para o castelhano, *hay que caminar preguntando*. Ela me explicou que essa era uma máxima presente tanto nas salas de aula, como também em relação com cada coisa a ser feita em casa ou na comunidade. Ela reitera: Tem que perguntar ou não se caminha, e exemplifica através da feitura de uma *milpa*. Ao se querer fazer uma *milpa*, a primeira coisa que devem fazer são perguntas: como vão fazer? Qual dia? O que vão plantar? Como vão interagir com o lugar e seus deuses? São as perguntas que vão possibilitando o próprio trabalho coletivo. Lupita explica que o trabalho coletivo permeado pelas perguntas possibilita ir conhecendo as vidas diferentes dos outros e com isso faz o caminhar. Esse processo pode começar com uma ideia muito pequena que vai se expandindo com as outras ideias que se conectam.

A prática de caminhar perguntando já existia antes do zapatismo entre os povos indígenas da região, mas com o zapatismo fica mais clara. Ela atravessa tanto as salas de aula zapatistas que frequentei, configurando algo que, para nós, vindos de espaços educativos marcados pela preocupação com o planejamento e a sistematização, chamaríamos de improviso, mas, parece ser o motor do próprio trabalho coletivo em geral. Ela faz compor as diferenças, parecendo apontar para um tipo de educação que não tem um modelo prévio, com um programa totalmente fechado, mas se baseia em necessidades coletivas que surgem em diferentes momentos. Perguntei se esse caminhar seria desenvolvido por consenso. Emiliano diz não conhecer essa palavra e sugere que a ideia mesma de "consenso" não faz muito sentido. Ele explica que uma proposta não aparece do nada, as ideias e propostas vão caminhando de acordo com as necessidades do dia a dia e, por isso, as perguntas são fundamentais. A arte do caminhar perguntando permite que as escolas e o *chan vun*, vindos dos *kaxlans*, tornem-se espaços de experimentação. A prática do caminhar perguntando é fundamental para desenvolver a autonomia enquanto arte de cuidar-se como povo na relação com *ch'ulel* (espíritos), *yajval* (deuses) e *balumil* (mundo).

3

ESPÍRITOS, DEUSES E O MUNDO

"Na minha comunidade estou cercada de igrejas, mas não vou, pois acredito que são os deuses que estão me cercando."
(Maria, Promotora de educação autônoma)

O primeiro conceito que me foi apresentado nas aulas foi *bats'i k'op*. Esse era o verdadeiro nome da língua que começamos a estudar, e não "tzotzil". Nas palavras dos educadores zapatistas: "O tzotzil não é um pensamento dos povos, foi uma invenção dos linguistas, não está relacionado com a vida dos povos. O *bats'i k'op* sim está relacionado com como estamos vivendo." A palavra *bats'i*, que vai reaparecer em diferentes momentos destes escritos, significa "originário" e "verdadeiro". Ao se referir à língua, ela significa mais precisamente que está diretamente relacionada com a vida dos povos. Por sua vez, *k'op* significa "língua, guerra, palavra, luta, problema". Aqui, assim como Pedro Pitarch (2013c) aponta sobre os tzeltal, podemos dizer que as palavras funcionam como seres animados. Os seres humanos não apenas falam, mas são "falados" pelas palavras. E, diferente da tradição ocidental, onde a palavra e o diálogo são muitas vezes tidos como uma maneira de resolver os conflitos, aqui a palavra caminha junto com o conflito. Golpes e palavras podem ser a mesma coisa. Por isso, é preciso ter muito cuidado com a língua, pois ela também é conflito e luta... Lupita explica: "Essas palavras estão relacionadas com a vida, aqui na organização [zapatista] tem havido luta, vivemos uma guerra há muito tempo, que passa pelas armas, mas também pelo uso da nossa língua. Isso é tudo, essa expressão *bats'i k'op* diz respeito não apenas a uma palavra, mas sobre como os povos vivem." O *bats'i k'op* não se refere apenas ao tzotzil, mas é também a língua que falam os tzetales, tojolabales e mesmo os indígenas de Oaxaca, ou seja, todos os que falam uma língua própria de um povo.[48]

Para começar a aprender o *bats'i k'op*, ou antes de fazer qualquer coisa importante, Emiliano conta que é necessário *taj jamtik j-jol-ko'ontik* que ele traduz como "abrir nossa mente e nosso coração". É preciso estar presente e aberto para ensinar e aprender. É preciso deixar disponível o coração, diz ele. Diferente do que concebemos na tradição ocidental, do coração como o lugar dos sentimentos, o coração aqui não só sente, mas também *pensa* e *diz* muito. Emiliano nos conta que essa ideia de deixar disponível o coração está muito relacionada com os cumprimentos. Em *bats'i k'op*, não se fala simplesmente "oi" ou "olá". Quando uma pessoa encontra outra, deve cumprimentar: "*Te oyot*", que Lupita traduziu como "aí estás" e se deve responder "*Li oyun*", que significa "aqui estou". Ou seja, é preciso responder se de fato se está presente para se comunicar, aprender, ensinar...

Durante as aulas, os educadores muitas vezes afirmavam: "Eso no soy yo que estoy hablando, o enseñando, es lo que dice la propia lengua". Essa frase demonstra uma relação um pouco diferente da que estamos acostumados, em que a língua pertence aos seres humanos, mas aqui, há uma relação imanente em que, de certa maneira, são as pessoas que pertencem à língua. Como já mencionamos, as palavras são seres animados que falam através dos seres humanos. Sendo assim, não são os promotores que falam *bats'i k'op* nas aulas, mas é o *bats'i k'op* que fala através dos promotores, junto de toda a vida dos povos.

Conhecer a língua é algo muito valioso, pois conhecer a língua é conhecer a história dos povos. Muitos indígenas deixam de falar a língua por conta do racismo, porque dizem que a língua indígena é coisa de gente suja, mas o zapatismo, pelo contrário, dizem os educadores, nos incentiva a fazer esse mergulho, essa redescoberta. Através dos debates coletivos, dos espaços de

---

48. É interessante como Gossen (1979) prefere traduzir bats'i k'op como língua originária e não língua verdadeira, pois, para o autor, estaria mais próximo do sentido mencionado de língua própria de um povo.

autonomia, os zapatistas passaram a refletir mais sobre o *bats'i k'op*. A língua nos ensina muito sobre nossa raiz, isso é algo que estamos descobrindo agora com nossas gerações, diz Maria. Os educadores começaram a se questionar: por que falamos assim? Como em sala de aula podemos transmitir o que vivemos através da língua? E ao trabalhar a língua muitas vezes os promotores recorrem aos mais velhos para compreender mais.

Os promotores discutiram coletivamente cada um dos conceitos importantes apresentados nas aulas: *ichba'il ta'muk, lekil kuxlejal, ch'ulel, yajval*, dentre vários outros... Aprender a língua é muito importante, porque se está aprendendo a nomear corretamente. Reconhecer os nomes do que existe, é um modo de dar valor a língua, é um modo de dar respeito ao que existe.

Figura 19: Pintura no Caracol de Morelia.

Enquanto aprendizes do *bats'i k'op*, esperamos poder compartilhar desse respeito à língua, deixando as palavras serem e o *bats'i k'op* falar...

Figura 20: Zapatistas formados em meio à neblina em atividade no Caracol de Oventik (maio de 2015).

3.1. *CH'ULEL*

Há uma palavra que está dando voltas e voltas nas comunidades, diz Paloma. Toda vez que nos reunimos para falar dos problemas e avanços dos povos falamos disso, afirma Emiliano. O termo que parece central na vida e vocabulário dos promotores é *ch'ulel*. A tradução de *ch'ulel* que me foi apresentada foi "alma, espírito, dignidade" e também "consciência". O tempo todo Emiliano ressaltou que essa definitivamente não era uma palavra que se encontrava na língua espanhola e que as traduções são muito distantes do que a palavra significa em tzotzil, poderíamos dizer, mais uma vez, que são "traduções equívocas".

Nesse sentido, é preciso atentar que a tradução de *ch'ulel* como "consciência" aqui parece ganhar um sentido bastante diferente do utilizado, por exemplo, na filosofia cartesiana, já que não se trata de uma dominação consciente das paixões pela alma, baseada na compreensão de que quando o corpo age a alma padece. Segundo os zapatistas, ter consciência e engrandecer o *ch'ulel* é aprender da vida,[49] ter respeito ao que existe, é se encontrar, é algo que vai se desenvolvendo continuamente na relação com o mundo.

Há uma relação intrínseca do *ch'ulel* com o corpo. Uma parte do *ch'ulel* está localizada no corpo. Quando nosso *ch'ulel* está bem, o corpo fica menos doente, nossas ações são mais enérgicas. Talvez um dia quando o *ch'ulel* ficar muito forte não precisaremos mais de hospital e remédio, diz Emiliano. Estar com o *ch'ulel* forte nos permite decidir como queremos nos alimentar, como queremos viver. Quando nosso *ch'ulel* está enfraquecido, nosso corpo também está.

Diante disso, podemos afirmar que engrandecer o *ch'ulel* não parece ser uma questão moral, de bem ou mal, mas uma questão de saúde ou doença, como sugere a relação com o corpo. É curioso reparar que, durante as aulas, os promotores não costumam usar argumentos morais, a partir de palavras como certo ou errado, mas falam muito mais de alegria e tristeza, e de níveis de importância das coisas. Enfraquecer o *ch'ulel*, através do capitalismo, é algo triste (*chkat ko'on*), a possibilidade de engrandecer o *ch'ulel* pela luta é algo alegre (*ju'un ko'on*) e importante.

Podemos fazer uma analogia dessas questões com algumas afirmações contidas na *Ética* de Espinosa. Segundo Espinosa, o tipo de existência do homem bom seria aquele que se esforça tanto quanto pode por organizar os encontros, por se unir ao que convém à sua natureza, por compor a sua relação com relações combináveis e com isso aumentar sua potência, enquanto o mau vive ao acaso dos encontros (Deleuze, 2002). Engrandecer o *ch'ulel* é, de certa maneira, se esforçar para organizar os encontros, as relações na vida coletiva – passando por uma noção de "comunidade" que, entre os zapatistas, inclui humanos e não-humanos.

O *ch'ulel* é uma força com diferentes níveis de intensidade; nesse sentido, outras traduções que obtive para o termo foram "força do coração" ou "o que é próprio de uma pessoa" – o que, como veremos, tem relação direta com ser *bats'i*, verdadeiro, de

49. Algo que pode se assemelhar ao que Stengers (2015) chama de a "arte de ter cuidado": essa "recusa do esquecimento da capacidade de pensar e de agir conjuntamente exigidos pela ordem pública" (p. 71), vinculada também à intrusão de Gaia.

um lugar. E uma pessoa, nesse caso, não necessariamente é sinônimo de humano. E mesmo "humano" não é necessariamente sinônimo do que estamos acostumados a pensar como "membro da espécie humana". Lupita me explica que tudo que existe no mundo tem *ch'ulel*; uma árvore, um cachorro, tudo que cresce tem *ch'ulel*. Ela acrescenta: "Tudo o que existe tem *ch'ulel*, está numa relação de sujeitos, tudo tem valor." O que ocorre na "educação de cima" é justamente ensinar a dar menos valor a algumas coisas e pessoas e é esse mecanismo que produz o racismo.

A descrição da construção do racismo por Lupita junto da definição do *ch'ulel* como uma rede que atravessa humanos e não-humanos nos remete a famosa afirmação de Claude Lévi-Strauss sobre a relação entre a separação entre o homem e a natureza e a constituição do racismo para o homem ocidental:

> Começou-se a separar o homem da natureza(...) Nunca como agora, ao cabo dos quatro últimos séculos de sua história, pôde o homem ocidental se dar conta de como, ao se dar o direito de separar radicalmente a humanidade da animalidade, concedendo à primeira tudo aquilo que negava à segunda, ele abria um ciclo maldito e que a mesma fronteira, constantemente recuada, servia-lhe para afastar homens de outros homens, e para reivindicar, em benefício de minorias cada vez mais restritas, o privilégio de um humanismo que já nasceu corrompido, por ter ido buscar no amor próprio seu princípio e seu conceito (Lévi-Strauss, 1976, p. 53).

O humanismo corrompido de que fala Lévi-Strauss parece distante do que é concebido pelos educadores zapatistas, e também do que ocorre entre os diversos outros povos mayas da região que têm o *ch'ulel* como uma referência conceitual central. Sobre os tzeltal, o intelectual tzeltal Juno López afirma: "para nosotros todo tiene corazón y ch'ulelal-alma-ch'ulel-espíritu-conciencia" (2013, p. 15-16). O autor afirma que em seu povo o *ch'ulel* está em humanos, plantas, minerais, montanhas, rios. O que significa que todos esses elementos têm sua própria linguagem, falam, sentem, choram. Segundo Pedro Pitarch (1996), é comum entre os indígenas mesoamericanos que a pessoa reúna em si mesma diversos *ch'ulel*. O autor traduz *ch'ulel* como "alma", equivalente a pontos de vista e, consequentemente, a sujeitos. Segundo ele, existiria uma multiplicidade de perspectivas internas à pessoa. Essas diversas almas se dividiriam em dois tipos. Um tipo teria a mesma forma do corpo humano, residiria no coração, mas, desdobrada habitaria ao mesmo tempo o interior de uma montanha. O outro tipo também habita o coração, mas assume uma forma não-humana, pode ser um animal, um fenômeno atmosférico ou figuras de aspecto europeu.

Evon Vogt (1969) também aponta a importância do *ch'ulel* entre os zinacantecos. Para o autor, é impossível conhecer o mundo zinacanteco sem entender o conceito fundamental de *ch'ulel* (alma) desse povo. Assim como os educadores zapatistas, o autor afirma que "alma" no sentido europeu não é a melhor tradução. Na tradução de Vogt, alma (ou melhor *ch'ulel*), no sentido tzotzil significa, antes de tudo, que os zinacantecos são animistas. Todas as coisas importantes para os zinacantecos tem alma: plantas domesticadas (como feijão e milho), montanhas sagradas, casas, deidades, etc... Segundo Vogt, a etnografia zinacanteca demonstra que as interações mais importantes não são entre humanos, nem entre humanos e objetos materiais, mas entre as almas dentro dos seres humanos e não humanos e objetos materiais. Ao mesmo tempo que o *ch'ulel* de que falam os promotores carrega características semelhantes aos descritos em diversas etnografias da região,[50] ele também tem uma forte imbricação com as questões relacionadas ao movimento e à luta por autonomia. O *ch'ulel é* algo que pode enfraquecer e engrandecer de acordo com os caminhos; atualmente o capitalismo e a colonização fazem o *ch'ulel* ficar adormecido. Emiliano evoca uma frase que ressoa nas comunidades, *sk'an ta jules jchuleltik*, "necessitamos trazer de volta nosso *ch'ulel*". Ele conta que é necessário *ch'ulelizar* o mundo,

50. Há também algumas diferenças interessante que não tivemos oportunidade de aprofundar, como, por exemplo, a ideia comum para os promotores de que só existe um *ch'ulel* por pessoa e, por outro lado, um *ch'ulel* genérico, chamado de *ch'ulelal*, o que é bem diferente do que descreve Pedro Pitarch (1996) como multiplicidade interna dos *ch'ulel*.

o que ele traduz como uma descolonização, uma desintoxicação e um aprendizado. Sobre isso, diz: "Essa frase nos faz refletir: como queremos viver? Que direção vamos tomar? Que tipo de saúde, educação queremos? Quando não está grande o *ch'ulel* de uma pessoa, não sabemos quem somos, para onde vamos. Estamos perdidos no mundo, não temos orientação. O *ch'ulel* é uma orientação para viver, para lutar. E já caminhamos, já mudamos muito, mesmo com todos os problemas." O engrandecimento do *ch'ulel* só pode se dar coletivamente, e caminhar perguntando também é fundamental nesse processo.

Outra parte essencial do *ch'ulel* é o entendimento. Isso não significa que só os que estudam conseguem entender; muito pelo contrário, tal entendimento não costuma se dar em salas de aula ou livros, mas na relação com o mundo. O entendimento passa por saber sentir o mundo, entender a função de cada coisa. É preciso entender para ter força e engrandecer o *ch'ulel*.

Emiliano explica sobre as diferentes maneiras de engrandecer o *ch'ulel*, que incluem sempre novas perguntas e problemas, assim como conflitos e diferenças. A autonomia seria uma importante maneira de engrandecer o *ch'ulel* para os povos hoje. A autonomia zapatista seria também um processo, onde buscam constantemente o *lekil kuxlejal* que é traduzido como *buen vivir*, vida digna. Ele explica que o *lekil kuxlejal* é muito diferente da ideia de "bem viver" do governo: "Para o governo, bem viver significa desenvolvimento e para nós isso é uma destruição brutal dos povos e da natureza." Fica claro que Emiliano diferencia muito bem o que o governo propõe como viver bem da concepção indígena a partir do zapatismo. Para falar dessa última, apresenta um outro conceito, *ichbail ta muk,* que traduz como o "reconhecimento da grandeza recíproca do outro". Sobre isso, diz: "Tudo deve ter seu lugar no mundo, as diferenças. O *lekil kuxlejal* só é possível com *ichbail ta muk*." Termo semelhante também é encontrado entre outros tzotzil: *ich'el ta muk* significa respeito ou "tomar a grandeza". Para Antoni Paoli, o *ich'el ta muk* se estabelece principalmente na relação com as crianças a partir da negação da coação como instrução infantil:

> O preceito educativo de evitar a coação aos meninos e meninas é uma forma sumamente importante de *yichel ta muk te alatetik* (tomar a grandeza das crianças) (...) por meio do qual se faz possível propiciar um sentimento de bem interior causado pela interação respeitosa com a família e com a comunidade (Paoli, 2002, p. 154).

É importante ressaltar que o reconhecimento da grandeza do outro não significa, entretanto, um mero relativismo. Os educadores reconhecem o que está para a vida e o que não está: "Se o capitalismo faz uma bomba ou veneno sabemos que é para destruir. Então, sabemos que isso não tem *ch'ulel*, não é algo que se dê respeito, pois sabemos qual é sua função." Assim, como as mercadorias do capitalismo não tem *ch'ulel*, os capitalistas também têm seu *ch'ulel* adormecido. Pergunto como era o *ch'ulel* antes do zapatismo, Lupita me responde: "Antes do zapatismo o *ch'ulel* já existia, mas não sabíamos bem o que significava. Com a organização, compreendemos mais o que é o *ch'ulel*. Percebemos que é o capitalismo que faz adormecer o *ch'ulel*. Os *kaxlanes* também têm *ch'ulel*, mas está adormecido." Ou seja, os *kaxlans* e os de *arriba* tem o *ch'ulel* enfraquecido. Por isso, os promotores apontam que o capitalismo é a negação do *ch'ulel*.

As pessoas não nascem com um *ch'ulel*; ele é algo que vai se desenvolvendo a partir da relação com o mundo. As crianças muito pequenas ainda têm pouco *ch'ulel*, ele vai crescendo quando a criança vai interagindo com o mundo, aprendendo a ter respeito ao que existe.

Maria me explicou que *ch'ulel* não é o que a igreja chama de "espírito", é algo muito diferente. O *ch'ulel* é como a mente, quando a pessoa morre vai se apagando. Depois da morte, o *ch'ulel* ainda pode vagar um tempo pela terra, mas com o tempo vai desaparecendo. Já para a igreja, quando o espírito morre vai para o céu ou para o inferno, diz Paloma.

A diferenciação entre o pensamento típico da igreja e o mundo de *ch'ulel* e deuses que povoam o cotidiano dos educadores é uma constante nas aulas. Em outra ocasião, Lupita disse-me que há uma palavra em tzotzil, *Pukuj*, que é uma tradução de "diabo". Ela explica que só utiliza essa palavra quem acredita em um Deus, quem não acredita em Deus não acredita em diabo. E para quem crê nos deuses da terra também não existe *Pukuj*.

Parece ser uma forma de resistência, dentro da comunidade, afirmar essa distinção entre os que são ligados ao catolicismo e os que são ligados aos deuses. Ainda que a teologia da libertação (ou índia) tenha, em certo sentido, fortalecido bastante o movimento zapatista, as diferenciações internas do zapatismo não são apagáveis, deixando transparecer uma complexidade que é também motor e vida do movimento. Podemos afirmar, em sentido análogo ao das constatações de Evon Vogt em relação aos zinacantecos que entre os promotores de educação autônoma, as interações entre os *ch'ulel* enquanto consciência no mundo (muito mais do que uma alma no céu) são parte fundamental das interações existentes no mundo dos educadores.

Agora abordaremos outra dimensão fundamental dessas interações: ao invés do Deus, os deuses...

3.2. *YAJVAL*, OS DEUSES

A terra, as montanhas, os rios, todos os lugares importantes do mundo não são espaços inertes sobre os quais os homens simplesmente intervêm (e, em tantos casos, vende e destrói), mas são habitados por deuses, viventes que protegem esses lugares: os *yajval*. Lupita me conta: "A terra tem vida, cada lugar tem um ser importante, seu *yajval*". Os *yajval* foram assunto recorrente nas aulas no Centro de Línguas e, como veremos, estão presentes em diversos âmbitos da vida dos zapatistas e do seu ambiente. A própria arte de engrandecer o *ch'ulel* depende de um constante diálogo com os deuses. A falta desse diálogo traria consequências negativas para as pessoas. Para passar por um rio, para plantar em uma terra, é preciso demonstrar respeito e dialogar com os donos dos lugares importantes. Uma das maneiras de pôr em prática esse diálogo é fazer oferendas para os *yajval* com velas e incensos.

Há os *yajval* de vários espaços importantes: terra, montanhas, rios, vento e até de animais. O *yajval balumil*, dono da terra, é um dos *yajval* mais fundamentais com o qual se deve manter diálogo, pois a terra é uma mãe que possibilita a vida. Há também o *yajval ik'*, o deus do vento, ele nos faz respirar todos os dias, sem ele nada estaria vivo. Há o *yajval vits*, o dono da montanha, o *yajval bolom*, o dono do jaguar, o *yajval uk'um*, o dono do rio... Às vezes há um *yajval* diferente para cada lugar, para cada rio ou montanha, mas também pode ocorrer do mesmo *yajval* habitar todos os lugares do mesmo tipo, como é o caso do *yajval balumil*, que habita a terra.

Uma definição dada por Carlos Montemayor em *Palabras de los seres verdaderos* para *yajval* (ou *ajval*) é "Entidad sagrada del mundo invisible que custodia la tierra. En tzotzil significa 'el dueño', 'el antagonista', 'el responsable'. A su raíz básica, es decir, *'ojov* (o *'ajav*), dueño, se le agrega el sufijo llamado de 'posesión benefactora' para formar *–ajva*. Así la voz *kajval* significa literalmente 'el dueño' o 'la persona que me posee', 'me controla', o 'me amenaza'. En ese sentido tradicional significa Dios" (2004, p. 145). Algumas possíveis traduções para *yajval* oferecidas pelos promotores em certo sentido se assemelham com a definição acima: deuses, donos dos lugares, ser vivente de um lugar, espíritos, protetores. Entretanto, como veremos, parece haver algumas transformações inerentes à existência dos *yajval* para os educadores zapatistas que modificam um pouco essa definição. Os *yajval* são donos dos lugares importantes do mundo, mas ao mesmo tempo também pertencem a esses lugares ou seres vivos. De certa maneira, eles se confundem com esses lugares e seres. Os *yajval* podem ser amedrontadores, mas também ajudar e apoiar os povos. Aprofundaremos essa diferenciação.

Às vezes os povos têm alguma preocupação e é comum que peçam ajuda para os *yajval vits*, por exemplo. Os povos sabem que ali não está só uma montanha, está um deus, a própria montanha é um deus. Esse *yajval* também é o deus dos animais: para que um animal não destrua a plantação, por exemplo, é comum fazer pedidos e oferendas a esse *yajval*. Em relação às questões que dizem respeito à própria plantação, o *yajval* mais procurado é o da terra. Para plantar, construir algo ou fazer qualquer atividade na terra é preciso pedir permissão ao *yajval balumil*.

Existem também alguns cuidados necessários para se estabelecer relações com os *yajval* e os lugares onde habitam. Para passar em determinados lugares onde há um deus que não te conhece é preciso pedir permissão para que ele não se aborreça. Da primeira vez que uma pessoa passa por um lugar, não é indicado que ela diga o nome desse lugar, pois como ela ainda é uma desconhecida para o *yajval*, este pode enviar um sinal de sua existência, como algum animal, para afugentar a pessoa dali. Mas, se já está acostumada a passar por um lugar e se respeita o deus do local, não há problema em nomeá-lo. O fato é que não basta simplesmente conhecer, é preciso respeitar o deus do lugar para que ele não fique contrariado.

Como vemos, a presença dos *yajval* muitas vezes pode ser percebida através da aparição de alguns animais, o que também pode ser assustador. Paloma me conta a história de uma família do seu povoado que tentava sem sucesso atravessar um rio, pois sempre aparecia uma serpente, o que fazia a família recuar assustada. A família seguiu tentando atravessar em vão, até que chegou um velho que morava próximo e conversou com o deus do rio. Finalmente a serpente se afastou e a família conseguiu atravessar. A presença daquele *yajval* foi percebida pelo velho através da aparição da serpente, o que é bastante comum. Paloma me explica que os mais velhos são os que mais conhecem a terra e por isso são os que mais conhecem os deuses.

É interessante notar como os deuses, donos dos lugares importantes do mundo, são figuras recorrentes entre diversos povos da Mesoamérica. Entre os tojolabal, há *niwan pukuh,* dono da terra (Ruz, 1982). Em diferentes povos tzeltal há os *one ajaw*, dono das montanhas (Bloom & La Farge, 1926). Entre os tzotzil, há diversas referências a esses deuses que habitam, principalmente, a terra e as montanhas (Vogt 1969, 1976; Gossen, 1979; Morris, 1987).

Há, por exemplo, os *yawal wits,* donos da montanha na comunidade tzotzil de Chalchihuitan (Kohler, 1995). Eles vivem dentro de aproximadamente 100 montanhas sagradas e são donos de animais de caça, provedores da chuva e guardiões da essência vital do milho (*shch'ulel ichim*). Os *yawal wits* têm a aparência de fazendeiros ladinos proprietários de gado, mas seus currais não contêm gados, e sim veados brancos com o rabo vermelho. Sapos e cobras são seus guardiões. Das montanhas, os *yawal* enviam nuvens e chuvas. Junto com os deuses do sol, os *yawal wits* recebem diversas oferendas nas cerimônias agrárias.

Entre os Zinacantan, há os *yajval balamil*, donos da terra (Vogt, 1969, 1976). Eles são caracterizados como um deus antigo que vive no centro da terra e em cavernas sagradas nas montanhas. Eles controlam as nuvens, as fontes de águas, a terra e todos os produtos que vêm da terra. Ninguém pode fazer uso desses sem oferecer a eles as oferendas cerimoniais apropriadas. Segundo os relatos de Vogt, a constante comunicação dos seres humanos com os *yajval balamil* é marcada por uma ambivalência entre a admiração e o terror: por um lado, há relatos gloriosos que contam como esses *yajval* possibilitam saúde e acesso a muitos bens materiais. Mas, por outro lado, há sempre um perigo em se comunicar com eles: há o risco constante de ser capturado para ser escravizado no centro da terra, ou ainda o terrível destino de ter o *ch'ulel* roubado por ele – aí talvez esteja o sentido de *yajval* como "antagonista" no sentido apontado por Carlos Montemayor. A imagem do *yajval balamil* é descrita e pintada como um gordo ladino rico sempre cercado de pilhas de dinheiro e comida.

É possível perceber em diversos povos da Mesoamérica, uma constante associação entre riquezas e os deuses dos lugares importantes (Stone, 2017). Não por acaso, a imagem desses deuses é frequentemente descrita como equivalente à de proprietários brancos, patrões ladinos e fazendeiros exploradores cheios de dinheiro. Talvez a imagem desses deuses esteja muito próxima da tese proposta por Pedro Pitarch (2013c), segundo a qual a constituição da pessoa e da sociedade indígena na região é marcada fundamentalmente pela presença interiorizada dos estrangeiros inimigos. Diferente do corpo considerado artificial que poderia distinguir europeus e índios, as almas seriam inatas e comuns. Mas, mais do que isso, as pessoas carregariam inerentemente dentro de si o outro, isto é, as almas (mesmo indígenas) concentram um outro interno europeu. Diante dessa afirmação, a aparição dos importantes deuses *yajval* como brancos proprietários não parece surpreender: dentro de cada lugar importante do mundo há um branco.

Mas, se há grandes semelhanças entre os *yajval* descritos pelos educadores e esses curiosos deuses em figura de branco e traços de explorador descritos para diferentes partes da Mesoamérica, há também diferenças significativas. Se nos atentarmos, por exemplo, para a tradução dada por Evon Vogt para *yajval balamil* entre os Zinacantan que é "the Earth lord" ou "the Earth owner", já nos deparamos com uma diferença importante. Diferentemente da ideia de senhor ou proprietário, a noção de deus apresentada pelos promotores de educação parece mais próxima da ideia de seres que vivem em um espaço. Paloma explica: "Mais do que dono de um lugar, o *yajval* é a pessoa que vive em um lugar." Ela dá o exemplo de uma planta: a casa da planta é onde estão suas raízes, não é propriedade de ninguém, mas é simplesmente uma casa que existe aí. O *yajval* não é o dono da casa, mas é o ser que vive na casa. Percebemos um sentido de pertencimento muito distinto, pois se por um lado algumas vezes esses *yajval* são chamados de donos dos lugares importantes do mundo, eles também pertencem a esses lugares. *Yajval* significa, antes de tudo, ser de um lugar.

Em relação a sua aparência, entre os educadores zapatistas, não há referência entre os promotores aos *yajval* como deuses brancos. Emiliano conta que os *yajval* não necessariamente têm uma única forma; eles podem aparecer como uma pessoa ou um monstro, mas que não se sabe ao certo qual é sua verdadeira imagem. São poucas pessoas que já os viram, é muito mais fácil sentir a presença deles do que vê-los.

Para além disso, mais do que aspirar riqueza, os *yajval* dos educadores parecem, na verdade, incomodados com a destruição causada pelos ricos. Os capitalistas são os que mais destroem e desrespeitam os lugares importantes do mundo, causando muita tristeza e raiva aos *yajval*. Mas, isso não significa que esses *yajval* não apresentem certos traços amedrontadores como os dos antigos deuses descritos por Evon Vogt. Muitas pessoas do povoado dos educadores zapatistas fazem oferendas por temer os *yajval*; o mundo pode até acabar por conta de sua tristeza e ira... Paloma conta a história de um homem que tinha acabado de chegar no povoado e duvidou da existência dos *yajval bolom*, donos do jaguar. À noite, quando já dormia, o homem escutou o rugido de um jaguar, então lembrou que tinha logo antes duvidado da existência desses seres; ficou bastante assustado e arrependido. Uma das coisas que os *yajval* fazem quando se duvida deles é mostrar seus sinais de modo amedrontador. Como muitas pessoas dos povos sabem disso, respeitam esses seres para não sofrer nenhum dano.

Esse aspecto amedrontador que se mantém nos *yajval* de Zinacantán e nos *yajval* dos educadores zapatistas parece ter uma conexão direta com o poder que esses têm de influir em diversos âmbitos: seja no sono, ou controlando fenômenos meteorológicos, ou aparecendo através de animais, ou ainda que não seja como um proprietário branco, interferindo diretamente na situação material das pessoas. Em suma, os *yajval* tem o poder de influir diretamente sobre diversos âmbitos da vida humana.

Com a diferença de que aqui os deuses não são indiferentes aos nossos pensamentos e ações, podemos afirmar que esse aspecto amedrontador da existência dos *yajval* é também expressão de uma certa "intrusão de Gaia" (Stengers, 2015). A luta pela vida não se restringe à ideia tão comum entre os *kaxlans* de uma humanidade liberada da natureza, ou como Sujeito único do planeta: teremos sempre que negociar com os deuses. Com isso, parece se produzir uma certa "arte do cuidado" (Stengers, 2015), isto é, "a recusa do esquecimento da capacidade de pensar e de agir conjuntamente exigidos pela ordem pública" (idem, p. 71) diretamente vinculada à intrusão de Gaia. É preciso aprender a ter cuidado com cada ato, pois cada mínima ação pode trazer diferentes efeitos na relação com os *yajval*: para atravessar um rio, para plantar, para passar por um novo caminho, é preciso aguçar a capacidade de agir e pensar coletivamente. É preciso ter atenção redobrada pois o mundo está cheio dos deuses dos lugares importantes... Como repetia Riobaldo, em *Grande Sertão: Veredas* (Rosa, 2001), "viver é muito perigoso..."

O mundo é repleto de perigos na relação com os *yajval*, é povoado de alteridades... Há, por um lado, transformações nos *yajval* dos educadores zapatistas, talvez causadas por "traduções equivocadas" vindas da participação no movimento zapatista: os *yajval* dos zapatistas não são um branco rico, o que os diferencia da noção de pessoa e sociedade descrita por Pedro Pitarch como baseada em uma alteridade interna europeia. Mas, por outro lado, há relações de alteridade que se mantêm estabelecidas pela habilidade de saber sonhar, fonte da relação com esse ser outro, *yajval*, que segue e que é fundamentalmente uma conexão com a terra...

Como no encontro do homem com o *yajval bolom* quando estava dormindo, é comum os educadores relatarem que existem estados que facilitam a comunicação com os *yajval*, ambos relacionados ao sono. São eles a semi-vigília e o sonho (*vaichil*). A semi-vigília é descrita como um estado em que estamos quase dormindo, mas ainda podemos escutar tudo o que acontece em volta. Nesse momento, por mais que o corpo não consiga se mover e nem consigamos falar, estamos muito sensíveis à presença dos *yajval*. O sonho, por sua vez, é um estado que anuncia algo e os *yajval* estão frequentemente envolvidos nele. Os mais velhos sabem interpretar muito bem os sonhos. Mas, nem sempre o que os sonhos anunciam vai necessariamente acontecer. Se você tem um sonho bom, você tem que fazer com que as coisas que você sonhou se realizem. Se você tem um sonho ruim, tem que tomar cuidado para que não se passe o que aconteceu no sonho.

É interessante notar que os *yajval* dos educadores zapatistas não se distanciam apenas da imagem dos brancos, mas os brancos também se distanciam dos *yajval*, porque não sabem sonhar. Lembrando as indagações de Davi Kopenawa, ao afirmar que "na barulheira de suas cidades, os brancos não sabem mais sonhar com os espíritos" (Kopenawa & Albert, 2015, p. 426), Paloma conta: "Os *kaxlans* não se lembram dos sonhos ou seus sonhos estão muito cortados. É porque estão desconectados da terra. Eles abandonaram os *yajval* ou os *yajval* os abandonaram." Nesse sentido, como apontam os promotores, os *yajval* são diferentes também dos deuses cristãos. O Deus que está no céu veio dos conquistadores que quiseram apagar os deuses que estão na terra. Os conquistadores quiseram separar os deuses da terra, mas para os educadores zapatistas os deuses pertencem à terra, eles são inseparáveis dela. Diferentemente do Deus do céu, que vem com a ideia de castigo e de pecado, para os *yajval*, não há pecado, há o seu entristecimento que pode trazer efeitos ruins para as pessoas.

A conexão com a terra é fundamental: os *yajval* estão junto da terra, ao mesmo tempo em que para ser uma mulher ou homem verdadeiros é preciso pertencer a um lugar, uma terra. Essas relações ainda oferecem perigos constantes... perigos que podem levar até ao fim do mundo.

3.3. FIM DO MUNDO (*SLAJE'M BALUMIL*)

Os antigos profetas mayas anunciaram a chegada de epidemias, guerras e cataclismas na época colonial. Vapnarksy (2017) aponta como, séculos depois, os mayas contemporâneos seguem interpretando o presente à luz das profecias. Para refletir sobre elas, é preciso considerar que os diferentes estudos etnográficos na região apontam para uma temporalidade cíclica,[51] em que o futuro[52] está contido no passado. Neste sentido, o fim do mundo vai acontecer pois ele já aconteceu.

Segundo Déborah Danowski e Eduardo Viveiros de Castro (2014), a história dos mayas conheceu alguns "fins". Um deles foi a progressiva decadência em VII-X A.D. que sofreu essa poderosa civilização de grandes construções, provavelmente devido a uma combinação de conflitos sócio-políticos (revoltas e guerras) e um prolongado estresse ambiental (secas e esgotamento do solo). É interessante como os autores apontam que mais do que um primeiro "fim do mundo" passado no período pré-colombiano, talvez o que tenha ocorrido seria algo às vezes até mais impensável do que o fim de um mundo: o fim de um Estado, com a retomada da autodeterminação dos povos a ele submetidos. Em seguida, com a invasão da América no século XVI, os mayas, como os demais povos do continente, sofreram com o genocídio dos povos ameríndios, a partir da imposição de um novo Estado

51. Os trabalhos de Gossen (1974), por exemplo, apontam como as profecias mayas fazem do futuro algo já conhecido; Le Guen (2012) aponta como há um retorno circular nos gestos.

52. Vapnarksy (2017) aponta para a variedade de formas possíveis de futuro entre os mayas.

colonial e do Mercado. Mas, ainda diante dessa tentativa de extermínio desses mundos, os mayas dos dias de hoje não apenas resistem na sua língua e existência, mas são aqueles que diante de cenário ainda tão similar ao das Américas no século XVI (um mundo invadido e dizimado por bárbaros estrangeiros), oferecem a experiência de uma das insurreições populares mais bem-sucedidas.

Ainda que a preocupação com o "tema aparentemente interminável do fim do mundo" não seja explicitada na Declaração zapatista em questão, ela é recorrentemente mencionada por porta-vozes oficiais do movimento e por nossos interlocutores educadores. Desde 2015, surgem constantes referências por parte dos subcomandantes zapatistas, tanto nos comunicados, como nos encontros públicos, em relação à "grave tormenta" em que já nos encontramos,[53] um novo momento do capitalismo onde se alastram catástrofes e pobreza.

Buscaremos apresentar algumas das teorias sobre o fim do mundo que me foram apresentadas pelos educadores zapatistas. Veremos como elas articulam (sem necessariamente homogeneizar) as vozes dos antigos, a presença da teologia da libertação, as preocupações do movimento e a relação com não indígenas na região.

Foi no ConCiencias[54] a primeira vez que escutei um zapatista falar sobre o tema. No encontro, pude notar diversas perguntas que se repetiam: as perguntas giravam em torno de questões como o tempo de duração da terra, a probabilidade de algo se colidir com a terra, o tempo de duração do sol e da vida, dentre outras. Neste mesmo encontro, diversos porta-vozes zapatistas afirmaram que, diante da catástrofe ecológica causada pela hidra capitalista, seria preciso reconfigurar as relações entre os conhecimentos. Para exemplificar, o Subcomandante Moisés mencionou que nas plantações de milho feitas na selva antigamente eram necessários três meses para poder colher. Atualmente, os

---

53. A primeira referência a essa tormenta que se aproxima apareceu no comunicado de convocação para o Seminário do Pensamento Crítico frente à Hidra Capitalista.

54. O ConCiencias foi um encontro organizado pelos zapatistas que reuniu cientistas de diversos lugares do mundo em Chiapas.

indígenas da região não podem mais contar com o ciclo antigo, pois a frequência da colheita diminuiu bastante. Neste cenário, os conhecimentos científicos podem ajudar a lidar com tal situação dramática, especialmente, quando estão em presença dos questionamentos indígenas que indagam os próprios fundamentos coloniais do conhecimento científico, o que estava ocorrendo no encontro.

Em outra ocasião, comentei distraidamente no Centro de Línguas o quanto o tempo tinha passado rápido e uma educadora zapatista respondeu: "Sim, dizem que o tempo passa mais rápido quanto mais próximos estamos do fim do mundo."[55] Os educadores apontaram diferentes explicações para o fim do mundo nas comunidades e na região. Há a explicação mais ligada à igreja católica, vinda de pessoas ligadas à teologia da libertação[56] e à luta zapatista. Para elas, há muita maldade sendo feita entre os seres humanos, diante disso Deus vai destruir todo o mundo – ou quase... Pois, há alguma chance para aqueles que sabem resistir, ou seja, os "de baixo", os povos, os que já lutam cotidianamente, de conseguirem se salvar, já que esses não teriam feito maldades para serem castigados por Deus.

Há também uma outra teoria relacionada às pessoas mais velhas e aos *yajval:57* o *slaje'm balumil* (fim do mundo). Uma educadora explica que essa perspectiva é distinta do frenesi midiático que se criou em torno da data de 21 de dezembro de 2012. Nessa ocasião, houve toda uma repercussão, inclusive na mídia internacional, retomando as profecias dos mayas antigos. Em San

55. É interessante reparar como não são poucas as associações feitas entre o problema da "aceleração descontrolada" do tempo e a atual situação de crise planetária (Danowski & Viveiros de Castro, 2014).

56. A teologia da libertação se desenvolveu em Chiapas como teologia índia, que tem seu foco nos povos indígenas. Se na sua fase inicial a teologia da libertação é marcada pela categoria "pobres", sendo os indígenas incluídos dentro dessa maioria empobrecida, nesse outro momento abre-se espaço para uma atenção especial aos povos indígenas, o que se exprime na criação dessa nova tendência, a teologia índia. A religiosidade dos povos indígenas, historicamente combatida pela igreja católica, agora passa a ser reinterpretada a partir de cristo (Lupo, 2012).

57. Os yajval são os deuses, donos dos lugares importantes do mundo: há os deuses da terra, da montanha, dos rios, etc. Uma definição dada por Carlos Montemayor (2004) é também o antagonista. Vogt (1969) aponta como a relação dos seres humanos com os yajval balamil (deuses da terra) é marcada por uma ambivalência entre a admiração e o terror.

Cristóbal, uma das mais importantes cidades de Chiapas, chegaram diferentes pessoas ligadas a grupos "Nova Era". Alguns afirmavam que as profecias mayas anunciavam um grande desastre natural culminando no fim imediato do planeta naquela data. Grupos como o *Ascensión Nueva Terra* asseguraram que os mayas previram que um raio de luz do centro da galáxia iria impactar o sol com efeitos devastadores sobre a Terra.

Esta educadora soube que nessa época vieram pessoas de todo o mundo para Chiapas esperando o que ia acontecer. Mas, ela conta que a mudança importante que ocorreu para os zapatistas foi distinta do que a maioria esperava. Para os zapatistas, a grande mudança foi a marcha silenciosa. Há cerca de seis anos antes dessa marcha, o movimento entrou em um período de reclusão: não organizou muitas atividades abertas, nem divulgou muitos comunicados. A grande imprensa chegou a veicular diversas notícias insinuando que o zapatismo teria acabado. Ela explica que, ao contrário disso, o zapatismo não estava acabando, nem estava descansando, mas sim, fortalecia sua autonomia interna, optando por não fazer desse trabalho algo público. Essa fase de reclusão acabou no dia da maior marcha pública zapatista, quando cerca de 30 mil indígenas zapatistas marcharam em completo silêncio em importantes cidades de Chiapas. Vindos das mais distintas regiões do estado de Chiapas, os zapatistas apareceram nas cidades com seus *pasamontañas* para marchar em fileiras com os punhos erguidos diante dos olhares estrangeiros. Alguns *coletos*[58] ficaram muito assustados pois diante da aparição súbita dos *encapuchados* chegaram a pensar que podia ser um novo levante. Mas, após o fim da marcha, os zapatistas saíram em pequenas caminhonetes de volta para seus povos.

Mais do que o fim do mundo, os mayas contemporâneos do movimento zapatista anunciavam, ao invés disso, um novo mundo. Dessa vez, os longos comunicados típicos do movimento cederam lugar a um breve comunicado com o seguinte texto: "Escutaram? É o som do seu mundo desmoronando. É o nosso ressurgindo." Junto da mensagem havia um áudio com a música *Como la cigarra*, composta em 1978, durante a ditadura militar

58. Como são chamados os moradores de Chiapas mexicanos e não-indígenas.

argentina, por María Elena Walsh: "Tantas veces me mataron, tantas veces me morí sin embargo estoy aquí resucitando(...) cantando al sol como la cigarra después de un año bajo la tierra, igual que sobreviviente que vuelve de la guerra." A aparição de numerosos zapatistas que falavam simplesmente com a sua presença – estamos aqui.

Esta educadora contou que uma grande parte dos que participaram da marcha eram jovens, uma nova etapa da luta começava. No entanto, ressalta ela, essa nova etapa da luta não descarta a ideia de que o mundo pode acabar (ou já está acabando). Ela explica melhor então de que falam os mais velhos quando mencionam o *slaje'm balumil*. Essa noção seria bem distinta da narrativa da igreja, principalmente, porque para os mais velhos, a terra e outros lugares importantes do mundo são sagrados. E os *yajval* que habitam esses lugares importantes da natureza estão zangados pois muitos homens estão provocando sua destruição e sem respeitar esses lugares. Por isso, muitas vezes a terra treme, diz ela. Mas, isso não é um castigo como diz a igreja; o que ocorre é que os *yajval* estão zangados.

Ocorreu algo no povoado dessa educadora, situado próximo ao Caracol de Oventik, que podemos relacionar com esta teoria do *slaje'm balumil*. Ela relatou que por conta da destruição causada pelos capitalistas, o clima está mudando muito e uma das consequências disso que mais afeta seu povo é o atraso das chuvas. Havia, então, uma grande seca na região. A educadora relata: "Conhecíamos bem como plantar milho, mas a chuva não veio, então a plantação secou e quase não houve colheita." Depois de um tempo, enfim a chuva veio, mas chegou com muita força, acompanhada de um grande vento. Foi uma tempestade tão grande que acabou com a pouca plantação que tinha vingado. Nessa época, a igreja disse que isso ocorrera por conta dos pecados das pessoas da região. Para os indígenas mais velhos, isso havia ocorrido porque muitas pessoas que plantaram não haviam feito oferendas; só plantavam sem agradecer aos deuses, donos dos lugares importantes. Ela diferencia novamente as posições dos mais velhos e da igreja: "os avós falavam para agradecermos à terra, diferente das igrejas que falavam que a gente tinha feito coisas ruins e por isso Deus estava castigando".

Nessa ocasião, uma situação foi emblemática. Um indígena mais velho foi um dos únicos que nunca deixou de fazer oferendas quando plantava. Suas plantações estavam sempre com velas e até incensos como uma forma de agradecer à terra. Quando ocorreu a seca e a tempestade que a seguiu, sua plantação foi a única que não sofreu nenhum problema.

Muitos do povoado ficaram impressionados com a colheita desse homem, ao mesmo tempo em que se davam conta de que não era mais tão comum fazer oferendas para a terra. Depois disso, alguns voltaram a fazer suas oferendas, mas, a comunidade ainda é muito dividida entre aqueles que fazem oferendas e os que não fazem. Aqueles que fazem oferendas podem ser indígenas zapatistas ou não. Mas, a ideia de que os danos causados pelos capitalistas estão influenciando a relação dos *yajval* com as pessoas e seus lugares e causando *slaj'em balumil,* essa sim está mais ligada ao que pensam os zapatistas.

Podemos identificar também que nessa explicação do *slaj'em balumil,* o fim do mundo não aparece como um único ato súbito (com um grande dia marcado por um desastre natural, por exemplo), mas sim, como um processo contínuo de degradação ligado tanto a um enfraquecimento da relação com os *yajval* por parte dos povos, quanto ao profundo desrespeito por parte dos capitalistas que só causam danos e destruição para esses lugares importantes do mundo. Os educadores, em diferentes ocasiões, alertaram aos estudantes não-indígenas: "o mundo já está acabando e temos pouco tempo", "o zapatismo está alertando, há uma tormenta e já estamos dentro dela", "se a gente não se dá conta, não se organiza, tudo vai acabar nesse mundo", "a destruição já está ocorrendo... não vamos esperar sentir o tremor da terra, a gente não sente, mas a terra já está tremendo". Outro apontamento dos educadores é que diante dessa situação que se espalha por todo o mundo não é possível resistir apenas em seu próprio território, mas é preciso articular as resistências, como uma possibilidade de frear essa destruição. Voltamos à Declaração, na qual afirma-se a importância da multiplicidade em tempos de catástrofe do mesmo mundo.

Em um contexto de contínua degradação, os zapatistas conseguem, apesar de tudo, anunciar seu mundo ressurgindo, divergindo do espetáculo midiático em torno das profecias mayas. Os educadores zapatistas alertam para a tormenta em que já estamos, mas ainda assim desenham um outro futuro no presente. O futuro-presente talvez seja algo muito distinto, pois é preciso ter a perspectiva de tempo dos caracóis (como são chamados os centros administrativos zapatistas). Os caracóis são um espiral, explicam os educadores. Para os mais velhos, a palavra caracol *(to't)* significa que vão comunicar algo para muita gente. É uma maneira de dizer que não há princípio nem fim, pois é um espaço aberto para muitos tempos e formas de viver diferentes.

Figura 21: Marcha silenciosa em Palenque. (Fonte: Jornal *El Independiente*)

No meio das aulas de tzotzil, passa para lá e para cá Juanita, filha de Paloma, de 4 anos. Uma das crianças mais expressivas que já vi. Fala baixinho em tzotzil no ouvido de sua mãe para não atrapalhar a aula. Sai correndo até uma das salas de aula da escola secundária para procurar seu primo. Hoje diz que não quer ir às atividades da escola primária e fica conosco. Juanita, seus olhos grandes e expressivos trazem algum outro mundo nesse anúncio de fim do mundo.

As explicações de Paloma sobre o *slaj'em balumil,* assim como as próprias ações dos zapatistas, apontam um potente caminho. Por um lado, não se trata de centralizar no Homem (aquele que teria sua essência definida como a única espécie que se separa da natureza ao conseguir adaptá-la às suas necessidades) as ações que podem transformar essa situação, já que muitos indígenas estão em constante negociação com os *yajval.* Por outro lado, tampouco trata-se de aceitar a passividade dos tempos sem história e sem futuro e furtar-se da luta pelo (hoje tão pouco cogitado) fim do mundo dos capitalistas. Os zapatistas já constroem um mundo no presente onde caibam muitos mundos. Esse mundo que nasce e pode ser *perfeito,* como veremos a seguir.

3.4. ORIGEM DE UM MUNDO PERFEITO

O *slikem balumil kuxlejal* é o início da vida na terra... Quando o planeta se formou, vieram os deuses com grandes rios e montanhas. Eles chegaram quando o mundo já estava pronto. Não foram os deuses que criaram a terra, eles aparecem juntos, pois os deuses vivem na terra, a terra é o seu *lugar.* Os deuses, esses seres poderosos e fortes, foram, na verdade, os primeiros a habitar a terra e a criar tudo o que nela existe. Primeiro, criaram as árvores. Depois os animais, a água, o vento e logo em seguida os humanos. Tudo o que foi criado tinha um par e tinha sua função específica. Os deuses criaram tudo de maneira completa e *perfeita*; por isso, começou a existir vida. Quando surgiram os humanos começaram a surgir ideias e formas de relações, e eles passaram a criar seus princípios. Os seres humanos começam a descobrir os alimentos e o fogo, vão experimentando as coisas que podem usar para viver. A partir dessas descobertas, começaram a nomear; os nomes exprimem as funções dos diferentes seres. Chamam a terra de *madre tierra,* por exemplo, porque ela é como uma mãe que dá alimento aos diferentes seres do mundo. Mas, aqui há uma diferença importante, ressaltam os promotores: os seres humanos queriam conhecer, não controlar o mundo ao seu redor. Queriam conhecer para saber viver. Os educadores citam o verbo *aiel* que pode ser traduzido como “conhecer, entender, sentir, pensar, escutar, ouvir"; na verdade, ele é todas essas ações ao mesmo tempo. Esse verbo está ligado com o coração no sentido mais profundo, pois o entendimento e os sentidos estão vinculados ao valioso reconhecimento que tudo que existe tem sua função.

Para compreendermos tal tipo de conhecimento, que envolve a formação desse mundo perfeito, aprender a língua verdadeira, o *bats'i k'op*, é tarefa fundamental. Esse é um tipo de conhecimento que não está nos livros. Por isso, mais do que a leitura em si, uma ferramenta importante para ter acesso a ele é entender porque nomeamos as coisas a partir da língua. Voltamos então à importância do aprendizado da língua. Aprender a língua é aprender a ver as coisas pelo nosso pensamento, diz Maria. No *bats'i k'op,* há uma forma específica de contar (no sentido aritmético) as coisas. Quando você conta as coisas, você também está dizendo o que as coisas são. Existem diferentes maneiras de contar dependendo se são coisas redondas ou de quantas patas tiver. Os promotores me ensinam, então, os diferentes prefixos que usam para contar:

- *bu* (o que é redondo)
- *tel* (o que tem o corpo magro, como um lápis)
- *kot* (o que tem quatro patas)
- *pet* (o que tem forma plana, como folhas, tortilha)
- *lik* (para contar coisas suaves, como roupas, laços...)

Esses prefixos são utilizados antes da numeração. Mas, não são simples adereços gramaticais, são formas de reconhecer as coisas, de dar o devido valor ao que existe. É como se pratica o *ichbail tamuk* (reconhecimento da grandeza recíproca do outro) mediante a língua. É preciso respeitar a forma do que se vai dizer. O mesmo ocorre em relação aos cumprimentos que não são simplesmente "Oi" ou "Olá", mas definem o espaço onde estão as pessoas. Se se fala com alguém que está próximo, distante, parado ou de passagem as palavras que serão usadas para o cumprimento serão distintas. Essas diferenciações dizem respeito tanto em relação a quem fala como a com quem se fala. O *ichbail ta muk* não é uma pessoa que dá, mas só ocorre mutuamente, é um respeito coletivo. Por isso, o próprio termo inclui a palavra recíproca: não é simplesmente o reconhecimento da grandeza do outro, mas envolve também o ponto de vista do outro nessa relação. Diz Maria:

"No zapatismo, a autonomia é a prática da liberdade. Não individual, mas como coletivo. Não fazer o que quero, pois estamos dividindo o mundo, isso também é o *ichbail ta muk*".

Figura 22: Mural do refeitório do caracol de Oventik em 2017.

Existem diferentes maneiras de praticar o *ichbail ta muk*. Como já vimos, uma delas é o modo de reconhecer as coisas. Os promotores reconhecem o que existe no mundo não por seu preço, mas pela sua forma. A forma muitas vezes especifica a função e consequentemente o valor dos seres.[59] Tudo o que nos rodeia tem um valor, tudo o que existe é por algo. Se existe uma árvore, uma pedra, uma pessoa, é porque cada um desses seres tem uma função. É nesse sentido que me diz Paloma: "tudo é um pouco humano".

59. Nesse sentido, poderíamos fazer uma analogia com a recuperação que Deleuze faz de Nietzsche:
"Não há objeto (fenômeno) que já não seja possuído, visto que, nele mesmo, ele é, não uma aparência, mas o aparecimento de uma força. Toda força está, portanto, numa relação essencial com uma outra força. O ser da força é o plural; seria rigorosamente absurdo pensar a força no singular. Uma força é dominação, mas é também o objeto sobre o qual uma dominação se exerce." (Deleuze, 1976, p. 5) Assim como a ideia de força é plural para Nietzsche, a noção de valor para os zapatistas só pode ser pensada igualmente. Uma força se define pelas relações que ela mantém com outras forças, e é dessa interação entre diferentes forças que os mais variados corpos são produzidos. No caso dos zapatistas, o valor é pensado na relação com os outros valores. Diante disso, os seres com suas formas correspondentes à funções são expressão de um determinado conjunto de valores em um dado momento.

Tudo é humano pois tudo tem função e valor, tudo tem um próprio de si (*ch'ulel*). E a intensidade dessa força que é o próprio de si varia de acordo com as relações que se estabelece no mundo. Isso pode até fazer com que nos sintamos à parte da natureza ou não. Ao contrário da separação descrita por Lévi-Strauss, Maria nos fala: "Quando o *ch'ulel* está grande, nos sentimos parte do mundo, do todo. Agora, muitas vezes, quando estamos com o *ch'ulel* enfraquecido parece que não estamos no mundo, estamos fora da natureza."

O pluralismo presente na cosmopolítica zapatista pode ser associado às teorias do perspectivismo ameríndio (Lima, 1996; Viveiros de Castro, 1996). A importância de discutir essas possíveis conexões é apontada por Peter Pál Pelbart e Mariana Lacerda:

> Há causas comuns entre o zapatismo e os indígenas brasileiros, mas ainda estamos longe de aprender as possíveis conexões, e diferenças, mais profundas entre essas duas resistências, seja no plano cosmológico ou cosmopolítico. Estudos etnográficos apontam indícios do que se chama de perspectivismo ameríndio na tradição indígena do sudoeste mexicano. Não é inverossímil associar tal pluralismo ontológico com a mesma mais explicitamente política "um mundo onde caibam muitos mundos" – que aparece nos centros culturais, comunitários e administrativos das comunidades zapatistas (Lacerda & Pál Pelbart, 2022, p. 10 - 11).

Sem querer esgotar as associações entre perspectivismo ameríndio e zapatismo, que, como dito na citação acima, é algo que ainda estamos longe de realizar, buscamos abrir caminhos a partir de um breve exercício reflexivo. A antinomia apontada por Eduardo Viveiros de Castro (2002b) ao discutir o perspectivismo, aponta como, por um lado, os ameríndios são etnocentricamente avaros na extensão do conceito de humanidade. Este aspecto da antinomia parece válido para os educadores já que na expressão o homem verdadeiro (*bats'i vinik*), o verdadeiro faz referência ao próprio povo de quem fala. Ao mesmo tempo, o outro lado da antinomia também parece válido, pois assim como descrito entre os indígenas "perspectivistas", os educadores zapatistas apontam para a multiplicidade de pontos de vista sobre o mundo.

O homem verdadeiro (*bats'i vinik*) não é equivalente a um único povo, mas cada povo é verdadeiro para si, assim como cada ser que existe no mundo. Os educadores zapatistas reiteram que tudo que existe no mundo tem valor, tem seu próprio *ch'ulel*. Os estudos etnográficos clássicos de Vogt (1969) entre os tzotzil apontam para a centralidade do *ch'ulel* (alma) nas plantas domesticadas (como feijão e milho), montanhas sagradas, casas, deidades. Segundo Vogt, as interações mais importantes não são entre humanos, nem entre humanos e objetos materiais, mas entre os *ch'ulel* dos seres humanos e não humanos. Pedro Pitarch (1996) em estudos contemporâneos afirma que entre os indígenas mesoamericanos é comum que a pessoa reúna em si mesma diversos *ch'ulel*. O *ch'ulel* seria equivalente a pontos de vista, formando uma multiplicidade de perspectivas internas à pessoa.

Ser verdadeiro e ter *ch'ulel* parece indicar uma posição de sujeito, a partir da atribuição de intencionalidade consciente e de agência aos humanos e não-humanos. Mais antropomórficos do que antropocêntricos (e, talvez, não por acaso, assumidamente preocupados com a forma e o valor do que existe), os educadores parecem indicar que uma legião de outros seres que os humanos têm forma "humana", uma forma própria, com sua função e agência no mundo, o que significa consequentemente, que nós humanos não somos assim tão especiais.

Além dos educadores zapatistas e alunos não-zapatistas, havia outra presença constante nas aulas: as árvores. Para a surpresa dos alunos, em uma das primeiras aulas, um educador sugeriu que observássemos as árvores, suas formas, suas partes, para em seguida, tentarmos dizer algo a elas. Para explicar melhor porque veem como veem, uma educadora desenha uma pessoa e uma árvore. Ela explicou que os lábios de uma pessoa são como as folhas de uma árvore e têm o mesmo nome, *yanaeik*. A barba são como as pequenas raízes e têm o mesmo nome, *xi'k*. Os pés são equivalentes às raízes, ambos chamados de *akanil*. *O'osil* é um dos nomes para coração de uma pessoa e é o mesmo nome dado para o meio da árvore. E por aí segue sua explicação, que é concluída com a afirmação de que uma árvore está sobre a terra assim como as pessoas e os animais e são, portanto, seres verdadeiros. O verdadeiro pode qualificar pessoas humanas ou outras que humanas pertencentes à terra.

Perguntei, então, a esta educadora se poderíamos dizer que uma árvore é humana. Ela responde que não se trata simplesmente de humanizar a árvore, mas de aprender a reconhecê-la. Cada coisa tem seu lugar no mundo, por isso o respeito é uma coisa muito grande e importante desde a origem. Um conceito interessante que atravessou as aulas foi o do reconhecimento da grandeza recíproca do outro (*ichbail ta muk*), que é a possibilidade de perceber que tudo deve ter seu lugar no mundo, principalmente as diferenças. O termo recíproco é particularmente interessante para pensarmos em termos de pluralismo, pois não se trata apenas de um reconhecimento unilateral.

A preocupação de reconhecer o valor das coisas que existem, está ligada à raiz (*yibel*) de cada coisa. A pessoa caminha, mas também tem sua raiz. Para pensar qual é a raiz de uma pessoa é preciso saber de onde vem sua força para ela existir. As árvores estão sempre com suas raízes, com uma intensa ligação com a terra, sabem como se alimentar.

Percebemos como a noção de *bats'i*, enquanto verdadeiro e pertencimento, que nos permite conectar as reflexões dos educadores zapatistas com o perspectivismo ameríndio, também aponta diferenças.[60] Uma delas diz respeito às reflexões sobre a antítese do verdadeiro. Apesar dos educadores zapatistas não nomearem o que seria o oposto do *bats'i*, que chamaríamos de falso, frequentemente fazem referência a situações que fazem perder o pertencimento à terra, que enfraquecem o *ch'ulel*. Diferente das árvores, as pessoas humanas, ao viverem nas grandes cidades, podem perder sua conexão com a terra e isso faz com que percam seu lugar. Os zapatistas mais velhos que conheci relataram ter um

60. Uma outra distinção em relação ao perspectivismo interessante de ser aprofundada em trabalhos futuros é a existência de multiplicidade como algo interno à pessoa (Pitatch, 1996). A constituição da pessoa e da sociedade indígena na região seria marcada fundamentalmente pela presença interiorizada dos estrangeiros inimigos.

grande respeito pelas árvores, justamente porque quando elas estão vivas estão sempre conectadas com a terra.

A possibilidade de enfraquecer o que aqui chamamos, em uma *tradução equívoca*, de humanidade (que, como já vimos, não se restringe ao que entendemos, na tradição ocidental, como pessoas humanas), é um temor recorrente dos educadores zapatistas. Eles afirmam frequentemente que a força vital dos seres está sendo destruída pela ação capitalista e colonizadora. Como diz Paloma, a vida é perfeita, funciona naturalmente. Mas, há algo que está destruindo esse mundo e essa perfeição: a ação capitalista e colonizadora. Lembrando as declarações do povo curdo (Öcalan, 2016), também para os educadores zapatistas o capitalismo é antinatural. Sobre os capitalistas, diz Lupita: "Eles não têm *ch'ulel*. Se tivessem, porque estariam destruindo esse mundo se esse mundo é perfeito para a vida?" O mundo existe como deve ser, o que atrapalha seu funcionamento é o capitalismo, diz Emiliano. Se não fosse o capitalismo não haveria diferença entre realidade e perfeição, em certa medida essa faceta perfeita do mundo ainda resiste nos seres viventes em parte de seu funcionamento... Não à toa, a palavra para vida e resistência é uma só: *kuxlejal*.

Figura 23: Mural no caracol de Oventik.

Agradecer aos mais novos, aos mais velhos, afirmar que a luta é pela vida, estar presente, um mundo perfeito e bonito, os lugares e seus donos, *ch'ulelización*. Estes foram alguns dos aprendizados no Centro de Línguas às vezes difíceis de serem traduzidos para o papel, pois trazem toda uma vida presente nas esperas, silêncios, canções. A maioria das nossas aulas foi fora da sala, sentados no gramado do caracol, embaixo das árvores ou ao lado do rio. Enquanto conversávamos, acompanhamos o discreto movimento do caracol naqueles dias sem eventos abertos: passavam alguns zapatistas caminhando calmamente, nos fins de tarde, jogos de basquete. Junto daquela tranquilidade, víamos o construir da autonomia, em seus pequenos passos cotidianos. Sabíamos que ali estava uma guerra subterrânea e que cada um desses pequenos passos também era uma arma. Os promotores gostavam de dar as aulas sentados no chão, sobre aquela terra. Seguiremos os aprendizados por dentro da terra...

4

A TERRA

O primeiro encontro com os educadores zapatistas para apresentar o Centro de línguas começou com questionamentos sobre "Onde estamos?"; "De onde falamos?". A partir disso, eles descrevem o lugar do caracol que, como uma espiral, vai se desenrolando nos deuses (donos dos lugares), as histórias de lutas daquelas terras, como se age, pensa, sente por lá... Já mencionamos que as teorias dos promotores de educação autônoma são, fundamentalmente, um *discurso sobre o lugar*. Isso significa que seus enunciadores sabem qual é, onde é, o que é o seu *lugar* e fazem disso um tipo de aprendizado. Ser de um lugar é ser verdadeiro (*bats'i*). As aulas do Centro de Línguas parecem ser, sobretudo, as narrativas de uma terra, narrativas de um povo verdadeiro.

Uma das aulas foi dada em cima da montanha. De lá podíamos ver toda a extensão de terras do caracol de Oventic e algumas comunidades em volta. Maria explica... Até 1974 todas as terras da região eram de um rancheiro que criava gados. Uma grande parte foi retomada pelos povos nessa época, quando houve um crescimento dos movimentos agrários, e outra parte foi retomada com o levante de 1994. Com a criação extensiva de gados, a terra dessa região ficou muito danificada, os zapatistas têm dificuldades de melhorá-la até os dias de hoje.

Já mencionamos como a luta pela terra foi motivador fundamental do levante zapatista. Ainda que houvessem alguns avanços na divisão de terras,[61] após décadas de opressão no regime de

---

61. Segundo Paulina Fernández Christlieb, há algumas críticas aos motivos que levaram os zapatistas a se levantar baseadas no argumento de que já teria ocorrido divisão de terras e que as propriedades dos *finqueros* não eram tão grandes assim. Contra isso, a autora argumenta lembrando os inegáveis maus-tratos que sofreram os indígenas nas *fincas* que se baseava na propriedade da terra para os *finqueros* e na ausência de terra para os indígenas: "Pero para quienes nacieron y trabajaron en aquellas fincas no importa cuántas hectáreas fueran propiedad del mismo patrón (...) todavía hoy importa a esos viejitos y viejitas son los tratos de animales que los daban, son los golpes de látigo que recibían de castigo, son las jornadas de más

fincas e uma concreta ameaça neoliberal aos povos no início da década de 1990, o levante zapatista tornou-se vontade da maioria dos indígenas da região. Simultaneamente ao levante, iniciaram-se então diversas ocupações de terras na região de Chiapas, tanto pelos indígenas do movimento zapatista, como por parte de outros movimentos, que intensificaram suas ações nesse momento favorável. As ocupações de terras eram chamadas de *reposesionamento*, pois assim como as retomadas de terras praticadas pelos Tupinambá de Olivença e outros povos no Brasil, buscava-se retomar uma terra pertencente anteriormente aos povos, mas que foi roubada pelos invasores, em geral, grandes proprietários não-índios. Tratava-se de retornar a uma terra originalmente dos povos.[62] Como base para a retomada, o EZLN lançou a *Ley Agraria Revolucionaria*[63] que estabelecia que as propriedades de terra que excedessem 100 hectares em condições ruins para plantio ou 50 hectares em condições boas para plantio poderiam ser expropriadas por indígenas e camponeses sem-terra. As terras retomadas pelo movimento que mais tarde se transformaram em novos centros populacionais ficaram conhecidas até os dias de hoje como "tierras recuperadas".

Com as retomadas de terras na região não havia limites com cercas entre as terras das famílias, conta Paloma. O que cada família usava para plantar era o limite. O que definia a extensão da terra eram as necessidades a partir do trabalho desenvolvido por cada família e na maioria das vezes não parecia necessário estabelecer um limite preciso. Vemos como em termos econômico-jurídicos, a terra não se define pelo enquadramento estatal, como

de 12 horas sin pago, son los kilómetros que hay entre la finca y la ciudad hasta donde tenían que llevar y desde donde tenían que traer carga sobre sus espaldas. Quienes conocieron la realidad cotidiana de las fincas nunca mencionan la cantidad de hectáreas que poseía cada finquero, pero sí se recuerdan siempre maltratados y desposeídos, trabajando para unos patrones que eran dueños de toda la tierra mientras ellos no tenían un pedacito donde hacer casa y milpa sin ser molestados" (2014, p. 19-20).

62. É interessante como Reyes (2001) menciona a dimensão étnica do conflito, abordando casos em que terras de mestiços (ladinos) que não eram grandes proprietários tiveram suas terras retomadas por indígenas da região.

63. A *Ley Agrária* foi publicada junto com outras leis revolucionárias em dezembro de 1993, às vésperas do levante de 1994, no primeiro número informativo do EZLN, chamado *El Despertador Mexicano*.

espaço homogêneo geométrico, fechado por fronteiras definidas pelo direito nacional. Tampouco se define como mercadoria, quer dizer, objeto alienável de transações individuais. Podemos dizer que: "A propriedade – se essa noção faz algum sentido nesse caso – era investida no grupo local e os direitos individuais ou familiares se exerciam sobre o trabalho na terra, sobre os frutos desse trabalho" (Viveiros de Castro & Seegers, 1979, p. 104). A relação do movimento com a terra parecia questionar o fundamento mesmo da noção de propriedade imposta aos indígenas pelo contato.

O movimento zapatista não permite que as terras recuperadas pelo movimento sejam vendidas. Se alguma família deseja sair de uma terra, ela passará a pertencer à comunidade local. Segundo Paloma, o contato com a sociedade nacional tende a impor um tipo de relação com a terra, o que continua sendo uma tensão até os dias atuais, pois leva também ao aumento dos conflitos entre os indígenas. Ela afirma que, por conta da pressão do governo, começam a haver mais cercas e, com isso, aumentam as disputas entre zapatistas e não-zapatistas. Segundo relato de diversos promotores, alguns *partidistas* que têm terra buscam roubar as terras zapatistas alegando que essas não foram "legalizadas" pelo Estado. Essa parece ser uma constante em diversas comunidades.

Uma outra aula do Centro consistiu na participação dos alunos em um trabalho coletivo na *milpa*. Ajudamos (e aprendemos com) os educadores a capinar a terra durante uma manhã.

Figura 24: Uma das milpas em Oventik.

Em seguida, Emiliano nos perguntou o que é a terra para nós. Depois de algum debate, ele apresenta o conceito de *k'usil balumil*, que ele explica ser: "Terra-mundo, terra-planeta, quer dizer que tudo está conectado. Terra para nós é quando existe *metik*, que significa nossa mãe, um princípio, *m'e*... é um princípio ou origem, mas vem de mãe, também significa mãe." Ser verdadeiro é ser de um lugar, ter uma origem, uma mãe, essas são diversas acepções relacionadas à terra. A terra é uma mãe, pois é o princípio do que existe. Somos filhas e filhos da terra, diz Maria. Não se diz "mi madre tierra", mas, *j'me'tik balumil*, que significa "nuestra madre tierra", ser *nuestra* significa que ela diz respeito a todos os viventes.

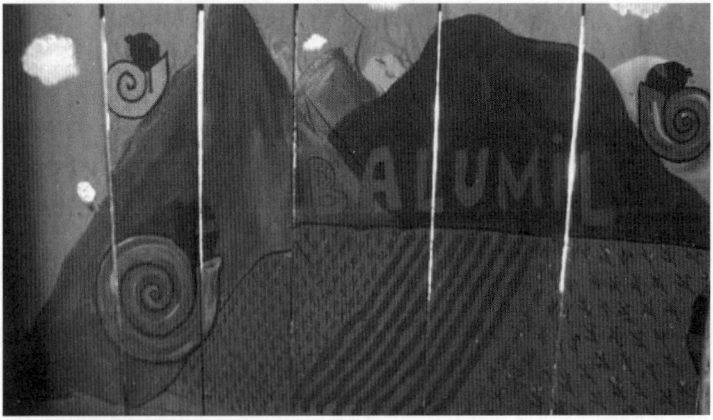

Figura 25: Pintura de um do refeitório do Centro de Línguas.

E se a terra é mãe de todos, isso significa que todos devem poder desfrutar dela. O problema é quando utilizam a terra como negócio; assim fica perdida a espiritualidade dos povos, as pessoas se sentem solitárias e impotentes, conta Emiliano. Sem a terra, viramos apenas indivíduos, me explicam.

Vemos como abordar a defesa da terra é abordar amplos aspectos para os promotores zapatistas. Quando tratam de defesa da terra, tratam de alimentação, história, linguagem, povo, memória, deuses... Por isso, ser obrigado a abandonar uma terra não é algo simples. "Quando o governo nos fala para sair de uma terra, é como arrancar de nós uma raiz muito forte.", explica

Paloma. A terra também significa autonomia, pois a terra pode dar respiro, liberdade, a possibilidade de ter seu próprio tempo. Tendo-se raiz em uma terra, ninguém de fora pode decidir o quanto se deve trabalhar nela.

Uma outra tradução apresentada para "terra" pelos zapatistas é *lum*. *Lum* significa simultaneamente "povo" e "terra" na mesma palavra. Essa palavra inscreve o fato de que um povo não pode viver sem uma terra. Um povo não está no ar, está na terra, diz Lupita. Já abordamos os importantes deuses da terra (*yajval balumil*), mas há também um outro termo que se refere às pessoas que vivem em uma terra (curiosamente com a mesma palavra utilizada para deuses): *yajval lum*, são as pessoas, o povo de um lugar.

Como levantado por Seeger e Viveiros de Castro (1979), o conceito de terra não é necessariamente sinônimo de meio de produção, local de trabalho agrícola ou solo onde se distribuem recursos, mas devem considerar as dimensões sócio-político-cosmológicas mais amplas. Esse ponto nos leva a outro que diz respeito à "politização da natureza". É interessante como movimentos indígenas de diferentes lugares da América têm trazido à tona a questão de referências humanas e não-humanas como parte ativa na luta pela terra ameaçada pelo avanço do capitalismo em seus lugares. Marisol de la Cadena (2010) descreve como na região andina existem os *tirakuna* (seres-terra), entidades que habitam a terra e são fundamentais na luta do movimento. Entre os Tupinambá da aldeia Serra do Padeiro, as retomadas de terra que se intensificaram nos últimos anos começaram a partir de mensagens trazidas pelos encantados na casa do santo. As mensagens afirmavam que a terra sempre foi dos índios e a eles haveriam de voltar. Os encantados ou caboclos são entidades não humanas que transmitem mensagens e também são incorporados por alguns indígenas. Eles não só ensinam estratégias, como protegem os indígenas na sua luta pela terra (ALARCON, 2013).

Também podemos observar esse processo entre os Kaiowá e Guarani do Mato Grosso do Sul. O movimento foi igualmente marcado pelo processo de retomada de terras e se estruturou, nos últimos trinta anos, em torno da organização de grandes assembleias multicomunitárias, chamadas de *Aty Guasu* (grandes reuniões). Spensy Pimentel (2012) aponta a relação direta entre a luta pela terra, o xamanismo e a política que perpassa a luta desse povo:

> Terra, aqui, é muito mais do que o mero suporte para a "produção" que nela veem os *karaí*. (...) Animais, plantas, elementos do clima (como ventos e raios) e da paisagem (morros, rios, lagos) servem como morada para, parecem manifestações de, ou são elas mesmas entidades aliadas da luta dos indígenas pela recuperação das terras. A forma mais genérica de denominar esses seres que são aliados, parentes, ou mesmo ancestrais dos Kaiowá e Guarani é, como se viu, *Tekojára*, os "donos do nosso modo de ser", numa das possíveis traduções (Pimentel, 2012, p. 146).

Como vimos, entre os zapatistas a "politização da natureza" também ocorre. Podemos afirmar aqui, como nos outros casos mencionados, que terra é uma *equivocação* (De La Cadena, 2010). Equivocação no sentido de implicar a alteridade de referentes entre termos homônimos (Viveiros de Castro, 2004) e com isso provocar não um apagamento, mas uma distinção produtiva. Uma distinção produtiva entre "terra" como figura jurídico-administrativa baseada nos fundamentos metafísicos ocidentais, isto é, como um enquadramento no ordenamento territorial operado pelo Estado, e terra tal como vivida/criada pelo povo em questão (Souza, 2016). É interessante reparar como há uma equivocação também interna ao próprio movimento. Nos comunicados oficiais zapatistas, a terra aparece recorrentemente como um "bem universal", que não deve ser tratado como mercadoria (Ezln, 2017), e como uma propriedade coletiva.[64] De acordo com o que foi apresentado nas aulas do Centro de Línguas, a terra aparece como um deus (*yajval*), dono de um lugar, ao

---

64. Sobre isso, está explícito no artigo 6 da *Ley Agraria Revolucionaria*: "Las tierras afectadas por esta ley agraria, serán repartidas a los campesinos sin tierras y jornaleros agrícolas, que así lo soliciten, en PROPIEDAD COLECTIVA para la formación de cooperativas, sociedades campesinas o colectivos de producción agrícola y ganadera. Las tierras afectadas deberán trabajarse en colectivo."

mesmo tempo princípio vital do que existe (*balumil*), condição indispensável e inseparável da existência do próprio povo (*lum*). Uma equivocação semelhante foi apontada por Marisol de la Cadena (2010) quando apontou como o termo "terra" possibilitou uma aliança entre movimentos políticos de esquerda clássicos e as comunidades camponesas e indígenas andinas. Ela mostra como, no movimento, o termo abrigava dois mundos diferentes, onde os conceitos indígenas ficam "à sombra" dos conceitos operados pelos movimentos clássicos mais valorizados nos embates e negociações com o Estado. Podemos afirmar que, de certa maneira, o mesmo ocorre no movimento zapatista: no discurso dos subcomandantes sobre as retomadas e luta pela terra, essa aparece como um dos "direitos básicos", um meio fundamental de sobrevivência; à sombra desse discurso estão os conceitos de *balumil* e *lum*. Nesse sentido, nos parece inevitável que a luta pela terra, as grandes retomadas promovidas pelos zapatistas caminhem junto do movimento de "politização da natureza". Faz parte, então, desse trabalho antropológico evidenciar esse aspecto e com isso provocar uma autoimplicação que desconcerta nossa própria "naturalização da política" (Viveiros de Castro, 1999). É, por isso, que a equivocação produzida pela terra (e a luta em torno dessa) aqui faz com que ela seja mais do que um "direito básico" (sem deixar de sê-lo), pois, como afirma Bruce Albert (1995) sobre a crítica xamânica de Davi Kopenawa da economia política da natureza, a luta pela terra não garante unicamente a perenidade de um espaço físico imprescindível para a existência física dos povos em questão, mas, também, preserva da destruição uma trama de coordenadas sociais e de intercâmbios cosmológicos que constituem e asseguram sua existência enquanto "seres humanos" (*yanomae t h ëpë*), para os yanomami – e, poderíamos perfeitamente acrescentar "homens verdadeiros" (*bats'i vinik*), para os zapatistas.

4.1. OS HOMENS E MULHERES VERDADEIROS

Vemos como a centralidade da terra para o movimento está vinculada aos aspectos mais profundos da vida zapatista: é o que possibilita o *a'mtel* (trabalho verdadeiro), pilar fundamental da construção da autonomia, e também é o fundamento dos seus deuses (*yajval*), do povo, da própria noção de pessoa e de uma vida verdadeira...

Para Maria, o trabalho verdadeiro depende quase que exclusivamente da terra: "A comunidade só foi possível por causa da terra. E se agora podemos dizer que não somos mais vítimas diretas do capitalismo, é porque temos terra". Com a terra, o próprio povo pode decidir como viver, ninguém o controla. É o que permite a *bats'i kuslejal*, a "vida verdadeira". Essa vida é estar livre (em coletivo) para praticar suas potencialidades. O que também está vinculado à possibilidade de fazer suas próprias leis e consolidar o governo autônomo tendo a terra como pilar fundamental: "Para llevar a la práctica un gobierno autónomo, para elegir democráticamente a sus autoridades, para elaborar y aprobar sus propias leyes y reglamentos, para definir procedimientos de la justicia autónoma, fue condición previa recuperar la tierra." (Christlieb, 2014, p. 105). É diferente da vida oferecida pelo capitalismo e pelo governo, onde todos devem seguir o mesmo caminho que não pode ser violado. O caminho oferecido pelo "mau governo" além do ataque aos territórios indígenas com a construção de hidrelétricas e grandes empreendimentos turísticos, está também ligado aos programas assistenciais e ao incentivo ao consumo, em que as famílias recebem cestas básicas e/ou quantias em dinheiro.

Os zapatistas comentam como esses programas assistenciais podem ser prejudiciais aos povos indígenas, pois cortam sua ligação com a terra. Com tais programas, os indígenas e camponeses não querem mais trabalhar na terra e acabam por consumir produtos e alimentos industrializados, que muitas vezes são prejudiciais à saúde. Sobre isso, pude conversar com diversos promotores de saúde autônoma de diferentes regiões de Chiapas. Todos eles se referiram à diabete como um dos principais problemas de saúde dos povos na região. Tal doença estaria relacionada às transformações nos hábitos alimentares, principalmente ao aumento do consumo de alimentos industrializados.

Os efeitos de ser alienado e arrancado da terra, como dito por Ailton Krenak (2019), seriam extremamente nocivos, mais nocivos do que a ausência do consumo. Sobre isso, conta Lupita:"Eu tenho minha terra perto da terra dos meus pais e planto muita coisa: laranja, abacaxi, feijão, mandioca, milho, café... Não temos dinheiro, mas trabalhamos a terra, é isso que o *bats'i kuslejal* nos dá." A terra é alimento, mãe, povo, lugar, deus... Nesse sentido, os zapatistas criticam o movimento migratório do campo para a cidade: "Um dos pensamentos ruins que vemos aqui é que morar na cidade é um privilégio. Com isso, se perde a relação com a terra e, quando você tem terra, 90% do que você come é da terra. Uma coisa que não consideram é que existe o centro e a periferia da cidade, a periferia não aparece na televisão, só aparecem coisas bonitas. E não dizem que o que torna o centro possível é a periferia." A cidade, esse lugar do "povo das mercadorias", como diria Davi Kopenawa (2015), carregaria uma grande força centrípeta contrária aos movimentos autônomos. Essa centralização se daria, principalmente, a partir do corte da relação com a terra.

E é preciso ressaltar que a relação com a terra se dá em termos bem específicos. A terra aqui não significa necessariamente a terra como "recurso" (no sentido mais capitalista), ou como "bem universal" (como colocam algumas teorias ocidentais mais progressistas) – ambos os casos vinculados à noção de propriedade privada, ainda que o segundo termo refira-se à "função social" da propriedade. A terra não é um substrato inerte, um objeto que se pode possuir. Não é a terra que pertence aos promotores, mas os promotores pertencem à terra, pertencem a um lugar. Como já mencionamos, ser de um lugar é ser verdadeiro (*bats'i*). O homem verdadeiro (*bats'i vinik*) é aquele que é de um lugar, de um povo, tem uma raiz, cresce e se relaciona ali. A noção de verdadeiro parece fundamental aqui e aparece recorrentemente nas falas dos educadores. Assim, também falam de *bats'i ants* (mulher verdadeira), *bats'i huil* (traje verdadeiro), *bats'i tsekil* (saia verdadeira). Há também algumas ações verdadeiras, como já mencionamos: *chanel* (educação verdadeira) e *a'mtel* (trabalho verdadeiro). Mais uma *tradução equivocada,* pois "verdadeiro" aqui é diferente do que entendemos usualmente por "verdade", no sentido de unicista e exclusivista. Emiliano explica que *bats'i* não é a verdade de todo o mundo, mas da experiência de um povo de um lugar.

Outros povos têm outras *bats'i*. Em outras palavras, *bats'i* quer dizer ser originário de um lugar, pertencente a um lugar próprio. O verdadeiro é o que é próprio de um lugar, ou melhor, o que está em seu lugar próprio, no duplo sentido de pertencente a esse lugar e de ser apropriado a ele.

Nesse sentido, *bats'i vinik* significaria homem originário, verdadeiro. Nas palavras de Paloma: "é o homem que mora em um povo a vida toda, tem uma raiz, é originário do povoado mesmo onde mora." Por isso, o conceito de indígena é inseparável do conceito de terra.

Em suma, podemos afirmar que *bats'i vinik* (homem verdadeiro ou originário), que me foi apresentada como uma tradução possível para indígena, aparece como diretamente vinculada ao fato de estabelecer uma relação própria com a terra, o que nos parece o completo oposto de ser proprietário de uma terra, e nesse sentido transcendê-la, englobá-la, contê-la como sua "coisa". É interessante como Eduardo Viveiros de Castro (2017) argumenta em sentido semelhante, ao dizer que o que define o indígena é "pertencer à terra, em lugar de ser proprietário dela." Em relação a isso, os promotores também explicam em suas aulas que em *bats'i k'op* não existe o verbo "ter": "Não podemos ter nada nesse mundo. Nos relacionamos com a natureza, com as coisas do mundo." Diferente do castelhano, os promotores não falam: "eu tenho um cavalo e uma terra", ou "esses são meus cavalos e minha terra". Emiliano conta que o que os *kaxlans* chamam de pronome possessivo, são, para eles, prefixos (*j, jo, s* que seriam supostamente correspondentes a *meu, teu, seu*). Esses prefixos não são sinônimos de posse, mas significam que estamos em relação com algo. Ele exemplifica: "Cuando hablamos *jna*, no es mi casa, es la casa con que tengo relación." O verbo *oy*, que tem como tradução *tener* em alguns dicionários tzotzil – castelhano,[65] possui um sentido muito diferente. Segundo Emiliano: "O verbo *oy* não significa ter, mas significa a existência de tudo o que está no mundo. A água, a árvore, mas não são minhas, são coisas que estão em relação." Em uma das aulas, os educadores escrevem a frase *oy jna* e perguntam como faríamos para traduzi-la. De acordo com os debates

65. No caso, citamos o Dicionário Multilingue *Svunal Bats'i K'op (2010)*.

promovidos nesse dia, podemos afirmar que uma tradução meramente *kaxlan*, que não se transforma a partir do pensamento tzotzil, seria *yo tengo una casa*, mas esta seria uma "tradução equivocada", uma tradução que refletisse uma transformação a partir do pensamento tzotzil seria *existe una casa con que yo tengo relación*. Mais próximos de uma "economia do ser" do que uma "economia do haver", como diria Oswald de Andrade (2011), ou para sermos mais precisos, mais próximos de uma "economia das relações", onde a relação primordial estabelecida é com a terra, com o seu lugar verdadeiro.

Desse modo, a própria definição de indígena, *bats'i vinik*, parece ter um significado bem distinto da definição de "Índio Genérico" estabelecida pelo Estado, que carrega tantas vezes algum atributo ou propriedade essencializada, mas sim passa por estabelecer essa referência primordial com *balumil*, a terra. Assim, ser indígena é muito diferente de ser cidadão. Essa diferenciação é apontada por Eduardo Viveiros de Castro (2017, p.2) "[Ser indígena] É ser parte de uma comunidade ligada a um lugar específico, ou seja, é integrar um 'povo'. Ser cidadão, ao contrário, é ser parte de uma 'população' controlada (ao mesmo tempo "defendida" e atacada) por um Estado."

Diante disso, podemos dizer que a vida autônoma dos *bats'i vinik* na sua relação com a terra como *lum*, *balumil*, povoada pelos *yajval*, que é inseparável da luta pelas retomadas de terras ocasionadas pelo levante de 1994 e inseparável de toda uma história de lutas indígenas e camponesas nos últimos séculos na região contra as *fincas* e os latifúndios, é uma *luta contra o Estado* (e o capital) e sua política etnocida em diversos sentidos. É contra o Estado no sentido de Estado enquanto uma forma histórico-institucional do Estado-Nação, pois a construção de autonomia pela terra faz os zapatistas prescindir das institucionalidades estatais e do capital para construir a sua própria vida "desde abajo". É contra o Estado no sentido de um pensamento que dispensa o ponto de vista do todo, do espectador absoluto (Lima, 2005, p. 213), ao incluir os deuses habitantes da terra e das montanhas, com os *ch'ulel* como grandezas recíprocas dos seres. É contra o Estado não no sentido de ser necessariamente um tipo de sociedade, mas de manifestar forças centrífugas que co-existem e se chocam com as forças centrípetas (Deleuze & Guattari, 1997) que atravessam os povos indígenas em diferentes intensidades nas suas vidas cotidianas. Quando Emiliano conta que estar em uma terra é trabalhar coletivamente nela, ele fala do que possibilita enfraquecer as forças centrípetas tão presentes na cidade. É contra o Estado porque a terra aqui se recusa a ser encaixada na definição homogênea da formalidade estatal ocidental.

E, finalmente, é contra o Estado porque é indígena (*bats'i vinik)* o que não se separa dos pontos mencionados acima, mas se mistura com eles – no seguinte sentido: "O indígena olha para baixo, para a Terra a que é imanente; ele tira sua força do chão. O cidadão olha para cima, para o Espírito encarnado sob a forma de um Estado transcendente; ele recebe seus direitos do alto" (Viveiros de Castro, ibidem). E a própria terra ganha um sentido tão forte que é impossível que seja utilizada para o turismo ou se reduza às leis propostas pelo mercado. O indígena não pode viver sem se opor às leis da propriedade privada defendidas pelo Estado (e que o defendem). Ou talvez sejam essas leis que *negam*, por assim dizer ontologicamente, a existência indígena. As leis de quem muitas vezes é dono de uma terra, ainda que não tenha nenhum contato com ela, ao invés daquele que cuida, que se deixa ser apossado pela terra, que luta para reapossá-la, que retira sua força dela.

A educação inegavelmente libertária dos zapatistas passa então por aprender a dialogar e negociar com os diferentes seres importantes do mundo e, com isso, pertencer a essa grande rede de relações que é a terra. O ensino-aprendizagem se dá a partir da "arte de ter cuidado" (Stengers, 2015) com os múltiplos seres que compõem essa rede, com o lugar no qual se vive, pois só se é uma pessoa verdadeira quando se pertence a um cosmos. As vozes dos educadores zapatistas não ensinam a possuir a terra e as mercadorias advindas dela, mas sim a aprender com a terra para poder ser *verdadeiro*.

POR FIM...

O movimento zapatista alertou que atravessamos uma "grave tormenta", um novo período do capitalismo que implica na piora das condições de vida dos de baixo e na deterioração do planeta. O Antropoceno, por um lado, intensifica forças políticas e econômicas que se estabeleceram pela primeira vez no século XVI e adquirem, no atual contexto, um poder destrutivo sem precedentes. Mas, por outro lado, essas drásticas circunstâncias também abrem caminhos para o questionamento dos fundamentos do "mundo do poderoso", que só aceita seu próprio mundo destrutivo. É por isso que o momento histórico atual pode ser aquele em que as pessoas reconsideram a exigência de que os mundos sejam destruídos e formulam as condições para a reconstituição dos mundos (De La Cadena & Blaser, 2018).

Emiliano, certa vez, disse: "O zapatismo não vem de agora. Os povos são nossas escolas. Nossos pais e avós também lutaram. O zapatismo é uma luta muito antiga." O zapatismo é, antes de tudo, uma luta vinda dos povos, não se desenvolve como um projeto educacional arbitrário ou um programa político oco pairando sobre o cotidiano das comunidades. Como escutei de muitos zapatistas, o movimento não inventa a educação autônoma do nada, ele recupera, traduz, atualiza a partir da vida dos povos. Esperamos que estes escritos tenham conseguido mostrar um pouco dos caminhos zapatistas na sua relação com mundos povoados por deuses, anticapitalismo, autonomia, espíritos.

Retomamos a polêmica apresentada na introdução: seria o zapatismo um tipo de "política ventríloqua", onde os indígenas seriam simplesmente usados pelos militantes brancos? Ou o movimento possibilitaria uma "interação criativa" entre diferentes mundos a partir de uma mútua implicação? O que as densas teorias dos educadores zapatistas parecem mostrar é que os indígenas zapatistas, longe de serem manipulados, traduzem os mundos *kaxlan* por seus próprios termos, produzindo seus conceitos. Nesse sentido, a educação e a escola autônomas também podem ser consideradas traduções "equívocas". A arte do caminhar perguntando permite que as escolas e o *chan vun*, vindos dos *kaxlans*, tornem-se espaços de experimentação, onde as comunidades ganham lugar central, nos quais é preciso entregar-se por inteiro para aprender não apenas com a cabeça, mas com o cosmos. Espaços onde a relação com o conhecimento é pensada em termos muito outros, em que as noções de *verdade*, *verdadeiro* (*bats'i*) estão vinculadas à terra e aos povos.

Como anunciaram os educadores, o aprendizado da língua verdadeira, *bats'i k'op*, foi o aprendizado não apenas de uma palavra, mas da vida dos povos. Na educação autônoma para ensinar e aprender é preciso estar presente, o que implica ter o "coração" uno e aberto para a aprendizagem, pois é o que permite o sentir-pensar (*ai'el*). Para ensinar e aprender, é preciso trabalhar na terra, muitas vezes em silêncio, como foi nossa aula na *milpa*. Para ensinar e aprender, é preciso praticar a arte de pertencer a um lugar.

Os espaços de formalização do conhecimento, como as escolas e o Centro de Línguas, são indissociáveis do cotidiano da comunidade. Os aprendizados se dão no dia a dia da *milpa*, no fazer e comer tortilha, com as oferendas e respeito com os deuses dos lugares importantes do mundo. Por mais que funcionem como um local de intercâmbio e acesso ao "mundo dos *kaxlans*",[66] como vimos nas escolas autônomas, não se limitam a isso. Tampouco parecem se limitar a ser escolas de "cultura"[67] (Cunha, 2009). Caso seguisse apenas essa orientação, a educação autônoma poderia se restringir a buscar a valorização da cultura indígena dentro do âmbito escolar domesticado pelo branco.[68] Ainda que guardem esses dois traços – escola para ter acesso ao "mundo dos *kaxlans*" e escola de "cultura" –, os espaços formais da educação zapatista os transbordam quando apresentam sua ligação

---

66. É importante mencionar que, em sentido um pouco diferente, há diversos movimentos indígenas que reivindicam que a escola é um lugar do "mundo dos brancos" e se restringe a ensinar aos indígenas o que interessa do "mundo dos brancos". Sobre isso, ver Luciano (2011).

67. Ativando o que Manuela Carneiro da Cunha chamou de "cultura", isto é, o que é dito acerca da cultura, servindo como arma e recurso para se afirmar diante do Estado ou da comunidade internacional.

68. Onde seria necessário preparar o corpo do modo do branco para receber aquele conhecimento (seja através da postura dentro da sala de aula, alimentação, etc) ou ainda entrar dentro de um modo de classificação típico do "mundo dos brancos", a saber, o relativismo, baseado na suposta equivalência entre os modos de ser indígenas e não-indígenas.

intrínseca com a vida na comunidade, com seus deuses. Esses espaços aparecem como uma afirmação cosmopolítica da vida autônoma, possibilitando até inverter a relação colonial habitual, pois a educação autônoma permite aos indígenas do movimento ensinar ao "mundo dos *kaxlans*", o que me permitiu ser aluna do zapatismo.

Dentre esses e muitos outros aprendizados que tive como aluna, estão as traduções de termos tão caros ao pensamento de esquerda no qual fui formada. O capitalismo não é apenas um modo de produção explicado por leis econômicas, que define a essência do ser humano, mas é a antítese do ser verdadeiro. O capitalismo se estabelece por relações de trabalho falso, onde é preciso trabalhar para outros contra as suas próprias necessidades; enfurece os deuses, donos dos lugares importantes do mundo; não possibilita o respeito recíproco, não permite que se dê valor ao que existe, enfraquece o *ch'ulel*; é uma desregulação, "des-lugarização" de um mundo perfeito; separa as pessoas de seus lugares, da terra – é o contraste com a possibilidade de ser um homem ou mulher verdadeiros (*bats'i ants vinik*).

Em relação à educação popular, nos termos zapatistas, ela não pode ser limitada a um mero exemplo de pedagogia crítica, já que a transformação possibilitada pelo processo educativo inclui o diálogo com os deuses, donos dos lugares importantes do mundo, evocando uma outra ontologia. É uma proposta educativa onde entendimento e sentido são indissociáveis do reconhecimento do valor dos seres que habitam a terra. As relações de respeito mútuo que podem se estabelecer entre os seres se dão não por uma igualdade subjacente, mas justamente porque todos os seres são diferentes, têm seu próprio valor, na defesa de um mundo de muitos mundos. A educação zapatista funda-se na diferença, no cuidado próprio de um povo, na aprendizagem com a terra.

A terra, longe de ser um mero recurso ou substrato inerte, é o que fundamenta a autonomia e o bom governo. Estes últimos não são simplesmente uma questão de autoproclamação, pois emergem da terra. Assim, a democracia não aparece simplesmente como uma convenção contratualista, pois não se pode fazer uma abstração total do mundo, mas, pelo contrário, como um pacto que se dá pela relação com o cosmos, e não exclusivamente entre humanos. Uma relação que não reconhece o Estado como fonte transcendente de normatividade. O Estado é justamente o que reforça o aspecto "falso" das coisas: separando a escola da comunidade, o "chefe" de seu povo, os deuses e seres da terra.

A opção deliberada de rejeição ao Estado e a seu modo de funcionamento "falso" se espalha por todas as ações, em menor e maior escala do movimento. Entretanto, fica a questão: será que podemos tratar a vida autônoma como uma entidade em oposição à vida com Estado dos indígenas não-zapatistas (ou "*partidistas*") que vivem nas mesmas comunidades? As comunidades zapatistas não existem enquanto entidades isoladas auto-suficientes e, obviamente, têm contato com o Estado mexicano há muitos anos.[69] A autonomia co-existe com as formas estatais que atravessam com grande intensidade os seus próprios vizinhos e, em algum nível, a própria vida autônoma, nos lembrando a coexistência *ch'ixi* presente nos projetos de modernidade indígena defendidos por Silvia Cusicanqui (2021). Se a guerra não se dá entre as comunidades zapatistas, ela ocorre contra a forma-Estado que produz a institucionalidade *partidista* e é uma ameaça constante à vida zapatista. As teorias apresentadas pelos educadores zapatistas parecem considerar esta questão: uma comunidade autônoma não é, necessariamente, uma entidade autossuficiente das forças capitalistas, o *chanvun* (educação não-verdadeira) e o *kanal* (trabalho não-verdadeiro) perpassam também o zapatismo, a questão da luta por autonomia

69. Deleuze e Guattari afirmam concordar com Clastres quando esse diz que o Estado não se explica por um desenvolvimento das forças produtivas, nem por uma diferenciação das forças políticas, mas, ao contrário, ele as tornaria possíveis. Também dizem estar de acordo com a ideia de que "uma máquina de guerra está dirigida contra o Estado, seja contra Estados potenciais cuja formação ele conjura de antemão, seja, mais ainda, contra os Estados atuais a cuja destruição se propõe" (1997, p. 21). O problema, para os dois filósofos franceses, era que Clastres acabava tratando as sociedades primitivas como uma entidade autossuficiente, o que decorria em um concepção marcada por um corte onde, de um lado, o Estado surgia de um só golpe e, do outro as sociedades contra o Estado tinham mecanismos precisos para conjurá-lo. Sem discordar dessas duas proposições, a questão para Deleuze e Guattari era acrescentar o encadeamento entre elas: "Não é em termos de independência, mas de coexistência e de concorrência, num campo perpétuo de interação, que é preciso pensar a exterioridade e a interioridade, as máquinas de guerra de metamorfose e os aparelhos identitários de Estado (...)" (1997, p. 24).

parece ser justamente um contínuo caminhar e perguntar, uma constante conjuração do Capital e do Estado em sua virtualidade e atualidade. Não há um dia de *ch'ulel* completo, afirmam os educadores zapatistas.

Poderíamos dizer que as forças estatais e contra o Estado coexistem e concorrem. Entretanto, o que o zapatismo parece apontar com assertividade, é que os níveis de intensidade dessas forças fazem diferença, possibilitam ou não o *lekil kuxlejal*.

Ter o *lekil kuxlejal*, ser verdadeiro, povo de um lugar, não é sinônimo tampouco da afirmação de um projeto político autoritário, ou de uma educação que parte de uma identidade essencializada. O movimento zapatista é predominantemente indígena, mas sem reivindicar uma identidade étnica enquanto Estado. Entendendo, como dito por Guillaume Sibertin-Blanc (2013), que cada vez mais as minorias são um referencial central dos modos de governabilidade do capitalismo mundial, é um desafio para o movimento não submeter a multiplicidade a um princípio objetivo ou subjetivo de identificação, adentrando no discurso "multicultural",[70] que prega um comunitarismo seguindo uma concepção republicana das minorias no seio de um universal encarnado no Estado de Direito. Sobre isso, o autor afirma que as minorias não seriam revolucionárias em si, mas a avaliação imanente das lutas passaria pela possibilidade de se conectar com outras lutas. A famosa máxima zapatista da defesa de "um mundo onde caibam vários mundos" encontra-se no cerne dessa discussão.

Ao refletirmos sobre a máxima de um mundo de muitos mundos *com* os educadores zapatistas produzimos um deslocamento de alguns de seus termos chaves, como palavras, mundo, verdade. Tal máxima tece uma proposta de organização política horizontalizada, que se desdobra na articulação entre a autonomia local e a crítica anticapitalista, ao mesmo tempo que possibilita também uma reinvenção metafísica das práticas que

70. Em sentido semelhante Silvia Cusicanqui (2021) afirma que o multiculturalismo tem o defeito de ser um "discurso da alteridade profundamente despolitizado", pois produz a redução dos indígenas a modos puros atemporais e territórios fragmentados e impotentes, negando continuamente a sua contemporaneidade.

habilitam o Antropoceno. As palavras verdadeiras são seres animados que agem e falam através das pessoas e não são simplesmente um texto a ser lido e interpretado. Se somos afetados pela noção de *verdadeiro* dos educadores zapatistas, ao invés de uma interpretação da verdade unicista, percebemos o ser verdadeiro marcado por uma relação de pertencimento a um lugar.

Lembrando as falas dos educadores sobre o respeito à grandeza recíproca do outro (*ichba il tamuk)*, os muitos mundos precisam coexistir no mesmo mundo não porque os seres são todos iguais, mas porque são diferentes, porque têm seu valor recíproco próprio. O mundo do poderoso é um mundo falso, que enfraquece e tira o lugar de outros mundos e palavras. O mundo de muitos mundos é atravessado pelos fins cíclicos de um passado-futuro. Este mundo, compartilhado nas diferenças, não deve ser uma propriedade ou recurso, mas um lugar ao qual as pessoas verdadeiras pertencem (sem supremacia de um mundo ou espécie).

Uma vez, o educador Emiliano me disse: "o zapatismo não busca ser um modelo que todos devem seguir igualmente, mas é um chamado para que os povos lutem à sua maneira, em suas diferentes geografias." A diferença entre *chamado* e *modelo* trazida por Emiliano foi aprofundada por Eduardo Viveiros de Castro (2016b) através da diferenciação, respectivamente, entre os termos *exemplo* e *modelo*:

> Modelos são como Ideias platônicas, que se pode (que se deve) apenas copiar, sempre, é inevitável, imperfeitamente – os povos são sempre atrasados, ignorantes, recalcitrantes –, como os "modelos de desenvolvimento" impostos a ferro e a fogo pelos Bancos Mundiais, o FMI, os Estados Unidos e a Comunidade Europeia, e, por último, mas não por menos autoritários, os Governos de nosso trágico país. Exemplos instigam à experimentação e à criação. Modelos, à obediência e à servidão. Exemplos se seguem, como se segue uma pista que nos leva aos nossos próprios lugares; modelos se aplicam – sempre aos outros, aos menores, aos menos, aos que se obriga serem aplicados na

> aplicação dos modelos que lhes empurram goela abaixo. (2016b, p. 49).

O zapatismo funcionou desde seu surgimento como um *chamado/exemplo* e não um *modelo* para que os povos lutem. Tal caminho também se aplica a sua proposta educativa, baseada nos chamados e perguntas e não em um modelo fechado. Nesse sentido, não podemos pensar que as escolas autônomas zapatistas poderiam ser identicamente copiadas. Sabemos que em diversos contextos, como em diferentes lugares no Brasil, as escolas públicas são espaços importantes de resistência, que não necessariamente são contraditórios com a luta por autonomia. O *chamado* zapatista é um apelo para as múltiplas autonomias, mas não para que todos tenham uma vida idêntica à dos zapatistas. É um chamado para resistências que sigam as questões e necessidades das diferentes geografias e povos pertencentes a seus lugares. Uma luta contra o desterro.

REFERÊNCIAS

AGUIRRE, G. Programas de salud en la situación intercultural. México: Universidad Veracruzana/Instituto Nacional Indigenista/Fondo de Cultura Economica. 1994.

ALARCON, Daniela Fernandes. O retorno da terra: as retomadas na aldeia Tupinambá da Serra do Padeiro, sul da Bahia. 2013. xx, 272 f., il. Dissertação (Mestrado em Ciências Sociais)—Universidade de Brasília, Brasília, 2013.

ALBERT, Bruce. Situation ethnographique et mouvements ethniques: réflexions sur le terrain post-malinowskien. In: Augé M. (pref.) Anthropologues en dangers: l'engagement sur le terrain. Paris : Jean-Michel Place, 1997, p. 75-88.

______________. O ouro canibal e a queda do céu: uma crítica xamânico da economia política da natureza. Série Antropologia, UnB. 1995.

ANDRADE, Oswald. A utopia antropofágica. São Paulo: Editora Globo, 2011.

ANDREO, Igor Luis. Teologia de libertação e cultura política maia chiapaneca. São Paulo: Editora Alameda, 2013.

ARMAS, Margarita Nolasco. "Chiapas indígenas". In: ARMAS, Margarita Nolasco, etc. Los pueblos indígenas de Chiapas/Atlas etnográfico. México: Instituto Nacional de Antropología e História, 2008.

AUBRY, Andrés. Chiapas a Contrapelo. México: Editorial Contrahistórias, 2005

BARONNET, Bruno. Autonomía y educación indígena. Las escuelas zapatistas de la Selva Lacandona de Chiapas, México. Quito: Ediciones Abya-Yala. 2012.

BARBOSA, Lia. Mulheres Zapatistas e a Pedagogia da Palavra no tecer da outra educação. In: Amanda Motta Castro; Rita de Cássia Fraga Machado. (Org.). Estudos Feministas, Mulheres e Educação Popular. São Paulo: Liber Ars, 2018, v. 2, p. 25-48.

BASCHÊT, Jêrome. Los zapatistas: ¿"ventriloquia india" o interacciones creativas? Istor, núm. 17, 2004. In:http://www.academia.edu/5119611/Los_zapatistas._Debate_con_J%C3%A9r%C3%B4me_Baschet._Istor

__________. A experiência zapatista. São Paulo: Editora N-1, 2021.

BASCHÊT, Jêrome & NOEMI, Rocio. Pela vida. Entrevista com Mariana Lacerda e Peter Pál Pelbart. In: LACERDA, Mariana & PELBART, Peter. A Baleia na Montanha. São Paulo: Editora N-1, 2021.

BAKUNIN, Mikhail. O princípio do Estado e outros ensaios. São Paulo: Hedra. 2011.

BENITES, Eliel. Oguata Pyahu (Uma Nova Caminhada) no Processo de Desconstrução e Construção da Educação Escolar Indígena da Aldeia Te'ýikue. Campo Grande, 2014, 130 p. Dissertação (Mestrado).

BLOOM & LA FARGE. Tribes and Temples: A Record of the Expedition to Middle America. EUA: Tulane University, 1926.

BRANDÃO, Carlos & VASCONCELOS, Valéria. Entre as origens e o agora: memórias e trajetos da educação popular. Revista Reflexão & Ação. Santa Cruz do Sul, v. 29, n. 2, p. 10-24, mai./ago. 2021 2021.

CALDART, Roseli. O MST e a formação dos sem-terra: o movimento social como princípio educativo. Estudos avançados, vol.15 no.43 São Paulo Sept./Dec. 2001

CLASTRES, Pierre. "Entre o silêncio e o diálogo" in Lévi-Strauss, L'arc. São Paulo, Documentos, 1968.

______. A sociedade contra o Estado. São Paulo: Cosac & Naify, 2003.

COHN, Clarice. 2004. "Os processos próprios de ensino e aprendizagem e a escola indígena". Cadernos de Educação Escolar Indígena –3º grau indígena. Barra do Bugres: UNEMAT, v. 3, n. 1: 94-111

CHRISTLIEB, Paulina Fernandéz. Justicia Autónoma Zapatista. Zona Selva Tzeltal. México: Estampa Artes Gráficas, 2014.

CUNHA, Manuela Carneiro da. Cultura com aspas e outros ensaios. São Paulo: Cosac & Naify, 2009

CUSICANQUI, Silvia. "Tenemos que producir pensamiento a partir de lo cotidiano". Entrevista de Kattalin Barber. Revista El Salto. 17/02/2019 Disponível em: https://www.elsaltodiario.com/feminismo-poscolonial/silvia-rivera-cusicanqui-producir-pensamiento-cotidiano-pensamiento-indigena?fbclid=IwAR0PBGz6bIIQkGMTgtyPNrDEs8DoRh4f1llRt2jjGMdllVmIpph_KyfmhS0 Acesso em: 05/08/2021.

______. Ch'ixinakax utxiwa: uma reflexão sobre práticas e discursos descolonizadores. São Paulo, N-1, 2021.

______. "Oprimidos pero no vencidos": luchas del campesinado aymara y quechwa de Bolivia, 1900-1980. La Paz: HISBOL/CSUTCB, 1984.

DANOWSKI, D. & VIVEIROS DE CASTRO, E. Há Mundo Por Vir? Ensaio Sobre Os Medos E Os Fins. Editora Cultura e Barbárie, 2014.

DÍAZ, Carlos Tellos. La rebelión de las Cañadas. México: Cal y Arena, 1995.

DE LA CADENA, Marisol. Indigenous Cosmopolitics in the Andes: Conceptual reflections beyond politics'. Cultural Anthropology, n.25, v. 2, p. 334-370, 2010.

DE VOS, Jan. História de los pueblos indígenas de México. México: CIESAS, 1997.

DELEUZE, G., & GUATTARI, F. Mil Platôs 5. São Paulo: Editora 34. 1997.

DELEUZE, Gilles. Espinosa: a filosofia prática. São Paulo: Editora Escuta, 2002.

DIRIK, Dilar. Feminism and the kurdish freedom movement. http://kurdishquestion.com/oldsite/index.php/insight-research/feminism-and-the-kurdishfreedom-movement/ 2015. (acesso em 01 de maio de 2021)

DOS SANTOS, Juliana Silva. O movimento zapatista e a educação: direitos humanos, igualdade e diferença. Tese na Faculdade de Educação da Universidade de São Paulo (USP). 2008.

ESCOBAR, Arturo. De baixo, pela esquerda e com a Terra. 2017. Disponível em: https://singa2017.wordpress.com/2016/12/01/de-baixo-pela-esquerda-e-com-a-terra/

ESTRADA SAAVEDRA, Marco (ed.). Chiapas despues de la tormenta. México: El Colegio de México, Centro de Estudios Sociológicos, 2009.

EZLN. Primeira declaración de la Selva Lacandona. 1993. Retirado de: http://palabra.ezln.org.mx/comunicados/1994/1993.htm

______. Documentos y comunicados. México, Era, 5 vol, 1994-2003.

______. Comunicado Votan e los guardians. Retirado de: http://enlacezapatista.ezln.org.mx/2013/07/30/votan-ii-ls-guardians/ 2013

______. Comunicado Ellos y nosotros. 2013ª

______. Comunicado Invitación al festival mundial de las resistencias http://enlacezapatista.ezln.org.mx/2014/08/16/invitacion-al-festival-mundial-de-las-resistencias-y-las-rebeldias/ 2014.

______. Los muros arriba las grietas abajo y a la izquierda. http://enlacezapatista.ezln.org.mx/2017/02/14/los-muros-arriba-las-grietas-abajo-y-a-la-izquierda/ 2017.

FENNER, J. & PALOMO, D. "El archivo historico del Centro Coordinador Tseltsal-Tsotsil. Memória del Laboratório del indigenismo en México." In: *Desacatos* (026). Ciesas. México. 2008.

FLEURI, R. M. Paulo Freire: Aprender a Educar com os Povos Indígenas. In: Gadotti, Moacir e Carnoy, Martin(Org.) Reinventando Freire. São Paulo: Instituto Paulo Freire, 2018.

FREIRE, Paulo. Pedagogia do Oprimido. 17ª ed. Rio de Janeiro: Paz e Terra, 1987.

_____. Cartas à Guiné Bissau. Registros de uma experiência em processo. 2ª ed., Rio de Janeiro, Paz e Terra, 1978.

_____. Pedagogia da Autonomia. Rio de Janeiro: Paz e Terra, 2011.

GALLO, Silvio. Pedagogia libertária: anarquistas, anarquismos e educação. São Paulo: Imaginário; Manaus: Editora da Universidade Federal do Amazonas, 2007.

GUALINCA, Carlos. Ecuador: Concepto de desarrollo según la cosmovisión indígena. Retirado de: http://servindi.org/actualidad/1015. 2006.

GOLDMAN, Marcio. Como funciona a democracia: uma teoria etnográfica da política. Rio de Janeiro: 7Letras, 2006

GOLDMAN, Marcio & STOLZE LIMA, Tânia. Prefácio. In: Clastres, Pierre. A sociedade contra o Estado. São Paulo: Cosac&Naif. 2013.

GOSSEN, Garen. "Chamula Genres of Verbal Behavior", In: LESSA, W. & VOGT, E. Reader in Comparative Religion, Nova York: Harper & Row, 1979.

GUEVARA, Ernesto Che. Escritos y Discursos. Tomos I al VII. Ciencias Sociales. La Habana. 1985.

GUTIERREZ, Raul. Escuela y zapatismo entre los tzotziles: entre la asimilación y la resistencia. Análisis de proyectos de educación básica oficiales y autónomos, Tesis, Maestría en Antropología Social, CIESAS Sureste, México. 2005.

______. Impactos del zapatismo en la escuela: análisis de la dinámica educativa indígena en Chiapas (1994- 2004) LiminaR. Estudios Sociales y Humanísticos, vol. IV, núm. 1, junio, 2006, pp. 92-111

______. Dos proyectos de sociedade en Los Altos de Chiapas. Escuelas secundárias oficiales y autónomas entre los tsotsiles de San Andrés. In: Bruno Baronnet, Mariana Mora Bayo y Richard Stahler-Sholk (coords.), Luchas "muy otras". Zapatismo y autonomía en las comunidades indígenas de Chiapas, México: UAM-X/UNACH/CIESAS, 2011

HOOKS, bell. Ensinando a transgredir: a educação como prática de liberdade. São Paulo: Martins Fontes, 2017.

HOLLOWAY, J. Cambiar el mundo sin tomar el poder. Espanha: El viejo topo, 2002.

ILLICH, Ivan. Sociedade Desescolarizada. Porto Alegre: Editora Deriva, 2007.

KIRCHHOFF, Paul. Mesoamérica. Sus límites geográficos, composición étnica y caracteres culturales. [en línea] Xalapa, Ver., AL FIN LIEBRE EDICIONES DIGITALES. 2009. 12 pp.

KOPENAWA, Davi & ALBERT, Bruce. A queda do céu. Rio de Janeiro: Cia das Letras, 2015.

KOHLER, Ulrich. Chonbilal Ch'ulelal, Alma vendida. Elementos fundamentales de la cosmología y religión mesoamericanas en una oración maya-tzotzil. Mexico: Universidad Autónoma de México, Instituto de Investigaciones Antropológicas. 1995.

KHOTARI et al. 2021. Pluriverso: dicionário do pós-desenvolvimento. São Paulo: Editora Elefante.

KRENAK, Ailton. Ideias para adiar o fim do mundo. Rio de Janeiro: Cia das Letras, 2019.

LACERDA, Entrevista Txai Suruí. Revista Cult. Janeiro de 2022.

LACERDA & PÁL PELBERT. Por que Zapatismo? Revista Cult. Janeiro de 2022.

LA CADENA, Marisol de; BLASER, Mario. 2018. A world of many worlds. Durham e London: Duke University Press.

LIMA, Tânia Stolze. Um Peixe Olhou Para Mim. O povo Yudjá e a perspectiva. São Paulo: UNESP/ ISA/ NUTI. 2005.

LENKERSDOF, Carlos. Cosmovisión Maya. México: Centro de Estudios Antropológicos, Científicos, Artísticos, Tradicionales. 1999.

LE BOT, Yvon. La gran revuelta indígena. México, D.F. : Océano, 2013

LÉVI-STRAUSS, Claude. Antropologia Estrutural II. Rio de Janeiro: Tempo Brasileiro, 1976.

LEVYA, Xóchitl. Chiapas es México! Autonomías indígenas: luchas políticas con una gramática moral. ICONOS, Revista de Ciencias Sociales, n 11, FLACSO - Equador, julho de 2011.

__________. De las cañadas a Europa: niveles, actores y discursos del nuevo movimiento zapatista (nmz) (1994- 1997) Desacatos, núm. 1, primavera, 1999 Centro de Investigaciones y Estudios Superiores en Antropología Social Distrito Federal, México

LÓPEZ, Juno. Ch'ulel-Ch'ulelal. Retirado de: http://juan-lopez-intzin.blogspot.mx/2013/11/font-face-font-family-cambriap.html, 2013

LÓPEZ ENRIQUEZ, Maria Elizabeth. *Los procesos de formación en salud comunitária: la experiencia pedagógica del Salud Desarollo Comunitario, A.C*, Tesis UNAM. México, 2011

LÓPEZ KANA, Josías. Diccionario Multilingüe. Svunal bats'i k'opetik. México: Editorial XXI, 2005.

LUCIANO, Gersem José dos Santos. Educação para manejo e domesticação do mundo entre a escola ideal e a escola real : os dilemas da educação escolar indígena no Alto Rio Negro. 2011. 368 f. Tese (Doutorado em Antropologia)-Universidade de Brasília, Brasília, 2011.

MALDONADO, Benjamín. Perspectivas de la comunalidad en los pueblos indígenas de Oaxaca. Bajo el Volcán, vol. 15, númeo 23, setembro-fevereiro, 2015, pp. 151-169.

MARCOS, Subcomandante. Entrevista al subcomandante Marcos, LaJornada, 6 de febrero de 1994.

______. Relatos del Viejo Antonio, Chiapas: CIACH, 2002.

MARCOS, Sylvia. Tomado de los Labios: Genero y eros en Mesoamerica. Quito: Ediciones Abya-Yala, 2010.

MONTEMAYOR, Carlos. Las Palabras de los Seres Verdaderos. Texas: University of Texas Press, 2004.

MORRIS, Walter. Symbolism of a Ceremonial Huipil of the Highland Tzotzil Maya Community of Magdalenas, Chiapas. EUA: Brigham Young University, 1987.

MILLAN, Margareth. Des-ordenando el género / ¿Des-centrando la nación? El zapatismo de las mujeres indígenas y sus consecuencias. México: UNAM, 2014

MIGNOLO, Walter. La revolución teórica del zapatismo: sus consecuencias históricas, éticas y políticas. 1997.

MORA, Mariana. Política kuxlejal. Autonomía indígena, el Estado racial y investigación decolonizante en comunidades zapatistas. Ciudad de México: CIESAS, 2018.

MOREL, Ana Paula. Confederalismo democrático: a proposta libertária do povo curdo. Revista Diáspora. Vol. 2. 2016. http://www.revistadiaspora.org/2016/02/22/confederalismo-democratico/

_______. Terra, autonomia e ch'ulel: aprendizados na educação zapatista. Rio de Janeiro, 2018. 250 fls. Tese (Doutorado em Antropologia Social) - Programa de Pós-Graduação em Antropologia Social, Museu Nacional, Universidade Federal do Rio de Janeiro, 2018.

MOREL, Ana Paula. & ALMEIDA, Rodrigo. Educação libertária: desafios e caminhos de esperança. In: MATA, J., FERREIRA, J., ALMEIDA, J. Anarquia e Anarquismos. Práticas de liberdade entre histórias de vida (Brasil e Portugal). São Paulo: Editora NAU, 2021.

MORENO, Martha. & PITARCH, Pedro. Observatório de Conflictos/Série indigenismo. México: Centro de Investigación para la Paz, 2001.

MUNDURUKU, Daniel. O caráter educativo do movimento indígena brasileiro. (1970-1990). São Paulo, Paulinas, 2012.

ÖCALAN, Abdullah. Guerra e paz no Curdistão. International Initiative Edition. 2008.

__________________ Liberating Life: Woman's Revolution. International Initiative Edition. 2013.

__________________ Confederalismo Democrático. Rio de Janeiro: Rizoma Editorial. 2016.

PAOLI, Antoni. Educación, autonomía e lekil kuxlejal. México: Editorial Umbral, 2002.

PALUDO, Conceição. Educação popular e movimentos sociais. S.l., 2015. Disponível em: <https://rest.formacontrolesocial.org.br/materials/conceicao-paludo.pdf>. Acesso em: 10 out. 2020.

PÉREZ RUIZ, Maya Lorena. Cerco anti-zapatista y lucha por la tierra en Chiapas. In: Estrada Saavedra, Marco. (org) Chiapas después de la tormienta. Estudios sobre economia, sociedad y política. Distrito federal: El Colégio de México, 2009.

PIMENTEL, Spensy. Cosmopolítica kaiowá e guarani: Uma crítica ameríndia ao agronegócio. Revista de Antropologia da UFSCar, v.4, n.2, jul.-dez., p.134-150, 2012.

PITARCH, Pedro. Ch'ulel: una etnografía de las almas tzeltales. México: Fondo de Cultura Económica, 1996.

______. "El canon prehispánico y la etnografía" In: PITARCH, Pedro. La cara oculta del pliegue. Antropología indígena, Artes de México / Conaculta, México. 2013

______. "Sobre el mal del texto. Lenguaje, escritura, enfermidade." In: PITARCH, Pedro. La cara oculta del pliegue. Antropología indígena, Artes de México / Conaculta, México. 2013b

______. "El pliegue del cuerpo". In: In: PITARCH, Pedro. La cara oculta del pliegue. Antropología indígena, Artes de México / Conaculta, México. 2013c

______.Los zapatistas y el arte de la ventriloquia. Istor, núm. 17, 2004.
http://www.istor.cide.edu/archivos/num_17/notas.pdf

WOODCOCK, George. Grandes escritos anarquistas. Porto Alegre: Editora L&M Pocket, 1981

REYES RAMOS, María Eugenia. El movimiento zapatista y la redefinición de la política agraria en Chiapas. Revista Mexicana de Sociología, Vol. 63, No. 4 (Oct. - Dec., 2001), pp. 197-220

REYNOSO, Carlos Alonso & SÁNCHEZ, Jorge Alonso. Em busca de la libertad de los de abajo: demoeleuthería. Guadalajara: Editorial CUCSH-UDG, 2015.

ROSA, Guimarães. O grande sertão: veredas. São Paulo: Nova Fronteira, 2001.

RUZ, Mario Humberto. Los legítimos hombres, aproximación antropológica al grupo tojolabal – Volumen II, Mexico City: UNAM. 1982.

SAHLINS, Marshall. Historical Metaphors and Mythical Realities: Structure in the Early History of the Sandwich Islands Kingdom, 1981.

______. O "pessimismo sentimental" e a experiência etnográfica: por que a cultura não é um "objeto" em via de extinção. Mana vol.3 n.1 Rio de Janeiro Apr. 1997

SEEGER, A. & VIVEIROS DE CASTRO, E. B. Terras e territórios indígenas. Rio de Janeiro, Civilização Brasileira, 1979.

SIBERTIN-BLANC, Guillaume. Politique et État chez Deleuze et Guatarri. Essai sur le materialismo historico-machinique. Presses Universitaires de France. 2013.

SOUZA, Marcela Coelho. T/terras indígenas e territórios conceituais: incursões etnográficas e controvérsias públicas. Projeto de pesquisa CHAMADA UNIVERSAL MCTI/CNPQ NO. 1. 2016

STANCHEV, Peter. De Chiapas a Rojava: mais do que apenas coincidências. In: https://anarquiabarbarie.wordpress.com/2015/04/24/de-chiapas-a-rojava-mais-do-que-apenas-coincidencias/ 2015

STENGERS, Isabelle. Politique du savoir, politique des faits. Multitudes Web. 2007.

______. La proposition cosmopolitique. In: LOLIVE, J. SOUBEYRAN, O. L'emergence des cosmopolitiques. Paris: La Découverte. 2007

______. Em tempos de catástrofes. São Paulo: Cosac & Naif. 2015.

STONE, Andrea. Images from the Underworld: Naj Tunich and the Tradition of Maya Cave Painting. EUA: Texas Press, 2017.

VAPNARSKY, Valentina. 2017. Futuros en contrapunto: proyección, predicción y deseo en maya yucateco. Journal de la Société des américanistes.

VÁRIOS AUTORES. A Revolução Ignorada: feminismo, democracia direta e pluralismo radical no Oriente Médio. São Paulo: Autonomia literária, 2015.

VIQUEIRA, Juan Pedro. «Chiapas y sus regiones». En Juan Pedro Viqueira y Mario Humberto Ruz (eds.). Chiapas: los rumbos de otra historia. México, D. F., México: Centro de Investigaciones y Estudios Superiores en Antropología Social (CIESAS). pp. 19-40. 2004

______. ¿Qué había detrás del petate de la ermita de Cancuc? Encrucijadas chiapanecas: economía, religión e identidades, Colmex, México. 2002.

VIVEIROS DE CASTRO, Eduardo. Perspectival Anthropology and the Method of Controlled Equivocation. Tipití: Journal of the Society for the Anthropology of Lowland South America, Art.1. Vol 2. 2004.

______. "Etnologia brasileira". In: Sérgio Miceli (org.), O que ler na ciência social brasileira (1970-1995), v.1, Antropologia. São Paulo: Sumaré/ANPOCS; Brasília: CAPES. pp. 164-168. 1999.

______. "O nativo relativo". Mana. Estudos de Antropologia Social, 8(1):113-148. 2002a.

______. A Inconstância da Alma Selvagem e Outros Ensaios de Antropologia. São Paulo: Cosac & Naify. 2002b

______. O índio em devir. Prefácio In: Baré: Povo do Rio. Herrero, M. & Fernandes, U. (org.). Edições Sesc São Paulo. 2015.

______. "O recado da mata". Prefácio In: D. Kopenawa & B. Albert, *A Queda do Céu: Palavras de um Xamã Yanomami.* Cia. das Letras, 2015.

______. Sobre a noção de etnocídio. In: https://pt.scribd.com/doc/314737647/Sobre-a-Nocao-de-Etnocidio-Com-Especial 2016.

______. Posfácio. In: ÖCALAN, Abdullah. Confederalismo Democrático. Rio de Janeiro: Rizoma Editorial. 2016b.

______. Os involuntários da pátria. São Paulo: Editora N-1. 2017.

VOGT, Evon. Zinacantan: A Maya Community in the Highlands of Chiapas. Cambridge: The Belknap Press (of Harvard University Press). 1969

______. Tortillas for the Gods: A Symbolic Analysis of Zinacanteco Rituals. Cambridge: Harvard University Press. 1976.

XAKRIABÁ, Célia. Amansar o giz. PISEAGRAMA, Belo Horizonte, número 14, página 110 - 117, 2020.

ZIBECHI, Raul. Las escuelas de abajo. Disponível em: http://www.jornada.unam.mx/2013/08/23/opinion/023a1pol 2013.

Este livro foi composto em Adobe Caslon Pro e
Neue Haas Grotesk Display Pro.